"十三五"国家重点出版物出版规划项目

习近平新时代中国特色社会主义思想学习丛书

名誉总主编　王伟光
总　主　编　谢伏瞻
副总主编　王京清　蔡昉

总　策　划　赵剑英

建设新时代社会主义文化强国

张 江 主编

图书在版编目（CIP）数据

建设新时代社会主义文化强国/张江主编 . —北京：中国社会科学出版社，2019.3（2023.2 重印）
（习近平新时代中国特色社会主义思想学习丛书）
ISBN 978 - 7 - 5203 - 4025 - 0

Ⅰ. ①建… Ⅱ. ①张… Ⅲ. ①社会主义—文化事业—建设-中国—学习参考资料　Ⅳ. ①G12

中国版本图书馆 CIP 数据核字（2019）第 016280 号

出 版 人	赵剑英
项目统筹	王　茵
责任编辑	王　茵　孙　萍
特约编辑	喻　苗
责任校对	刘　娟
责任印制	王　超

出　　版	中国社会科学出版社
社　　址	北京鼓楼西大街甲 158 号
邮　　编	100720
网　　址	http://www.csspw.cn
发 行 部	010 - 84083685
门 市 部	010 - 84029450
经　　销	新华书店及其他书店
印刷装订	北京君升印刷有限公司
版　　次	2019 年 3 月第 1 版
印　　次	2023 年 2 月第 9 次印刷
开　　本	710×1000　1/16
印　　张	17.75
字　　数	192 千字
定　　价	39.00 元

凡购买中国社会科学出版社图书，如有质量问题请与本社营销中心联系调换
电话：010 - 84083683
版权所有　侵权必究

代 序

时代精神的精华
伟大实践的指南

谢伏瞻*

习近平总书记指出:"马克思主义是不断发展的开放的理论,始终站在时代前沿。"① 习近平新时代中国特色社会主义思想,弘扬马克思主义与时俱进的品格,顺应时代发展,回应时代关切,科学回答了"新时代坚持和发展什么样的中国特色社会主义、怎样坚持和发展中国特色社会主义"这个重大时代课题,实现了马克思主义中国化的新飞跃,开辟了马克思主义新境界、中国特色社会主义新境界、治国理政新境界、管党治党新境界,是当代中国马克思主义、21世纪马克思主义,是时代精神的精华、伟大实践的指南。

---

* 作者为中国社会科学院院长、党组书记,学部主席团主席。
① 习近平:《在纪念马克思诞辰200周年大会上的讲话》(2018年5月4日),人民出版社2018年版,第9页。

一 科学回答时代之问、人民之问

马克思说过:"问题是时代的格言,是表现时代自己内心状态的最实际的呼声。"① 习近平总书记也深刻指出:"只有立足于时代去解决特定的时代问题,才能推动这个时代的社会进步;只有立足于时代去倾听这些特定的时代声音,才能吹响促进社会和谐的时代号角。"② 习近平新时代中国特色社会主义思想,科学回答时代之问、人民之问,在回答和解决时代和人民提出的重大理论和现实问题中,形成马克思主义中国化最新成果,成为夺取新时代中国特色社会主义伟大胜利的科学指南。

(一)深入分析当今时代本质和时代特征,科学回答"人类向何处去"的重大问题

习近平总书记指出:"尽管我们所处的时代同马克思所处的时代相比发生了巨大而深刻的变化,但从世界社会主义500年的大视野来看,我们依然处在马克思主义所指明的历史时代。"③ 马克思恩格斯关于资本主义基本矛盾的分析没有过时,关于资本主义必然灭亡、社会主义必然胜

---

① 《马克思恩格斯全集》第1卷,人民出版社1995年版,第203页。
② 习近平:《问题就是时代的口号》(2006年11月24日),载习近平《之江新语》,浙江人民出版社2007年版,第235页。
③ 《习近平谈治国理政》第2卷,外文出版社2017年版,第66页。

利的历史唯物主义观点也没有过时。这是我们对马克思主义保持坚定信心、对社会主义保持必胜信念的科学根据。

虽然时代本质没有改变,但当代资本主义却呈现出新的特点。一方面,资本主义的生产力水平在当今世界依然处于领先地位,其缓和阶级矛盾、进行自我调整和体制修复的能力依然较强,转嫁转化危机的能力和空间依然存在,对世界经济政治秩序的控制力依然强势。另一方面,当前资本主义也发生了许多新变化,出现了许多新问题。正如习近平总书记指出的:"许多西方国家经济持续低迷、两极分化加剧、社会矛盾加深,说明资本主义固有的生产社会化和生产资料私人占有之间的矛盾依然存在,但表现形式、存在特点有所不同。"[①] 当今时代本质及其阶段性特征,形成了一系列重大的全球性问题。世界范围的贫富分化日益严重,全球经济增长动能严重不足,霸权主义和强权政治依然存在,地区热点问题此起彼伏,恐怖主义、网络安全、重大传染性疾病、气候变化等非传统安全威胁持续蔓延,威胁和影响世界和平与发展。与此同时,随着世界多极化、经济全球化、社会信息化、文化多样化深入发展,反对霸权主义和强权政治的和平力量迅速发展,全球治理体系和国际秩序变革加速推进,不合理的世界经济政治秩序愈益难以为继,人类社会进入大发展大变革大调整的重要时期,面临"百年未有之大变局"。在新的时代条件下,如何应对人类共同面临的全球性重大挑战,引领人

[①] 习近平:《在哲学社会科学工作座谈会上的讲话》(2016年5月17日),人民出版社2016年版,第14页。

类走向更加光明而不是更加黑暗的前景，成为一个必须科学回答的重大问题，这就是"人类向何处去"的重大时代课题。习近平总书记立足全人类立场，科学回答这个重大问题，提出了一系列新思想新观点，深化了对人类社会发展规律的认识，也具体回答了"世界怎么了，我们怎么办"的迫切现实问题。

（二）深入分析世界社会主义运动的新情况新特点，科学回答"社会主义向何处去"的重大问题

习近平总书记深刻指出，社会主义从产生到现在有着500多年的历史，实现了从空想到科学、从理论到实践、从一国到多国的发展。特别是十月革命的伟大胜利，使科学社会主义从理论走向实践，从理想走向现实，开辟了人类历史发展的新纪元。第二次世界大战以后，世界上出现一批社会主义国家，世界社会主义运动蓬勃发展。但是，20世纪80年代末90年代初发生的苏东剧变，使世界社会主义运动遭遇严重挫折而进入低潮。

进入21世纪，西方资本主义国家出现了严重危机，在世界上的影响力不断下降，而中国特色社会主义则取得了辉煌成就，其他国家和地区的社会主义运动和进步力量也有所发展。但是，两种制度既合作又竞争的状况将长期存在，世界社会主义的发展任重道远。在这样的背景和条件下，世界社会主义运动能否真正走出低谷并发展振兴，"东升西降"势头能否改变"资强社弱"的总体态势，成为一个必须回答的重大问题，这就是"社会主义向何处去"的重大问题。习近平总书记贯通历史、现实和未来，科学回答这个重大问题，深化了对社会主义发展规律的认识，丰富发展了科学社会主义。新时代中国特色社会主义的发展，成为世界社会主义新发展的引领旗帜和中流砥柱。

（三）深入分析当代中国新的历史方位及其新问题，科学回答"中国向何处去"的重大问题

在世界社会主义运动面临严峻挑战、处于低潮之际，中国坚定不移地沿着中国特色社会主义道路开拓前进，经过长期努力，经济、科技、国防等方面实力进入世界前列，国际地位得到空前提升，以崭新姿态屹立于世界民族之林。中国特色社会主义进入新时代，"在中华人民共和国发展史上、中华民族发展史上具有重大意义，在世界社会主义发展史上、人类社会发展史上也具有重大意义"[①]。

中国特色社会主义进入新时代，中国日益走近世界舞台中央，影响力、感召力和引领力不断增强，使世界上相信马克思主义和社会主义的人多了起来，使两种社会制度力量对比发生了有利于马克思主义、社会主义的深刻转变。为此，西方资本主义国家不断加大对中国的渗透攻击力度，中国遭遇"和平演变""颜色革命"等风险也在不断加大。因此，新时代如何进行具有许多新的历史特点的伟大斗争，在国内解决好新时代的社会主要矛盾，在国际

---

① 习近平：《决胜全面建成小康社会　夺取新时代中国特色社会主义伟大胜利——在中国共产党第十九次全国代表大会上的报告》（2017年10月18日），人民出版社2017年版，第12页。

上维护好国家主权、安全和发展利益，推进新时代中国特色社会主义取得新胜利，实现中华民族伟大复兴，成为一个必须科学回答的重大问题，这就是"中国向何处去"的重大问题。习近平总书记立足新的历史方位，科学回答了这个重大问题，深化了对中国特色社会主义建设规律的认识，在马克思主义中国化历史进程中具有里程碑的意义。

（四）深入分析新时代中国共产党面临的风险挑战，科学回答"中国共产党向何处去"的重大问题

中国共产党是中国工人阶级的先锋队，同时是中华民族和中国人民的先锋队，不断推进伟大自我革命和伟大社会革命。中华民族迎来了从站起来、富起来到强起来的伟大飞跃，迎来了中华民族伟大复兴的光明前景。但是在长期执政、改革开放日益深入、外部环境复杂变化的新的历史条件下，党自身状况发生了广泛深刻变化，"四大考验"长期复杂，"四大危险"尖锐严峻，正如习近平总书记指出的："我们党面临的执政环境是复杂的，影响党的先进性、弱化党的纯洁性的因素也是复杂的，党内存在的思想不纯、组织不纯、作风不纯等突出问题尚未得到根本解决。"[①] 中国共产党能否经得住前所未有的风险考验，始终保持自身的先进性和纯洁性，始终走在时代前列、始终成为全国人民的主心骨、始终成为坚强领导核心，成为一个

---

① 习近平：《决胜全面建成小康社会　夺取新时代中国特色社会主义伟大胜利——在中国共产党第十九次全国代表大会上的报告》（2017年10月18日），人民出版社2017年版，第61页。

必须科学回答的重大问题，这就是"中国共产党向何处去"的重大问题。习近平总书记勇于应对风险挑战，科学回答了这个重大问题，深化了对共产党执政规律的认识，把马克思主义执政党建设推进到一个新境界。

总之，人类向何处去、社会主义向何处去、当代中国向何处去、中国共产党向何处去，这些时代之问、人民之问，这些重大理论和现实问题，集中到一点，就是"新时代坚持和发展什么样的中国特色社会主义、怎样坚持和发展中国特色社会主义"这个重大时代课题。以习近平同志为主要代表的中国共产党人从理论和实践的结合上系统回答了这个重大时代课题，创立了习近平新时代中国特色社会主义思想。这一马克思主义中国化最新成果，既是中国的也是世界的，既是中国人民的行动指南也是全人类的共同思想财富。

二 丰富的思想内涵，严整的理论体系

习近平新时代中国特色社会主义思想内涵十分丰富，涵盖改革发展稳定、内政外交国防、治党治国治军等各个领域、各个方面，构成了一个系统完整、逻辑严密、相互贯通的思想理论体系。

（一）坚持和发展新时代中国特色社会主义，是习近平新时代中国特色社会主义思想的核心要义

中国特色社会主义，是我们党紧密联系中国实际、深入探索创新取得的根本成就，是改革开放以来党的全部理

论和实践的主题。中华人民共和国成立后，以毛泽东同志为核心的第一代中央领导集体，团结带领全党全国人民开始探索适合中国国情的社会主义建设道路。改革开放以来，以邓小平同志为核心的第二代中央领导集体、以江泽民同志为核心的第三代中央领导集体、以胡锦涛同志为总书记的党中央，紧紧围绕着坚持和发展中国特色社会主义这个主题，深入分析并科学回答了"什么是社会主义、怎样建设社会主义""建设什么样的党、怎样建设党""实现什么样的发展、怎样发展"等重大问题，不断深化对中国特色社会主义建设规律的认识，创立了邓小平理论、"三个代表"重要思想、科学发展观，不断丰富中国特色社会主义理论体系。

党的十八大以来，以习近平同志为核心的党中央一以贯之地坚持这个主题，紧密结合新时代条件和新实践要求，以全新的视野，紧紧抓住并科学回答了"新时代坚持和发展什么样的中国特色社会主义、怎么坚持和发展中国特色社会主义"这一重大时代课题，创立了习近平新时代中国特色社会主义思想，深刻揭示了新时代中国特色社会主义的本质特征、发展规律和建设路径，为新时代坚持和发展中国特色社会主义提供了科学指引和基本遵循。

（二）"八个明确"是习近平新时代中国特色社会主义思想的主要内容

习近平总书记创造性地把马克思主义基本原理同当代中国具体实践有机结合起来，对新时代坚持和发展中国特色社会主义的总目标、总任务、总体布局和战略布局及发展方向、发展方式、发展动力、战略步骤、外部条件、政治保证等一系列基本问题进行了系统阐述，做出了"八个明确"的精辟概括，构成了习近平新时代中国特色社会主义思想的主要内容。其中，第一个明确从国家发展的层面上，阐明了坚持和发展中国特色社会主义的总目标、总任务和战略步骤。第二个明确从人和社会发展的层面上，阐明了新时代中国社会主要矛盾，以及通过解决这个主要矛盾促进人的全面发展、全体人民共同富裕的社会理想。第三个明确从总体布局和战略布局的层面上，阐明了新时代中国特色社会主义事业的发展方向和精神状态。第四至第七个明确分别从改革、法治、军队、外交方面，阐明了新时代坚持和发展中国特色社会主义的改革动力、法治保障、军事安全保障和外部环境保障等。第八个明确从最本质特征、最大优势和最高政治领导力量角度，阐明了新时代坚持和发展中国特色社会主义的根本政治保证。

"八个明确"涵盖了新时代坚持和发展中国特色社会主义的最核心、最重要的理论和实践问题。既包括中国特色社会主义最本质特征，又包括决定党和国家前途命运的根本力量；既包括中国大踏步赶上时代的法宝，又包括解决中国一切问题的基础和关键；既包括社会主义政治发展的必然要求，又包括中国特色社会主义的本质要求和重要保障；既包括国家和民族发展中更基本、更深沉、更持久的力量，又包括发展的根本目的；既包括中华民族永续发展的千年大计，又包括我们党治国理政的重大原则；既包括实现"两个一百年"奋斗目标的战略支撑，又包括实现中华民族伟大复兴的必然要求；既包括实现中国梦的国际环境和稳定的国际秩序，又包括我们党最鲜明的品格。这些内容逻辑上层层递进，内容上相辅相成，集中体现了习近平新时代中国特色社会主义思想的系统性、科学性、创新性。

（三）"十四个坚持"是新时代坚持和发展中国特色社会主义的基本方略

"十四个坚持"是习近平新时代中国特色社会主义思想的重要组成部分，是新时代坚持和发展中国特色社会主义的基本方略。其主要内容就是：坚持党对一切工作的领导，坚持以人民为中心，坚持全面深化改革，坚持新发展理念，坚持人民当家作主，坚持全面依法治国，坚持社会主义核心价值体系，坚持在发展中保障和改善民生，坚持人与自然和谐共生，坚持总体国家安全观，坚持党对人民军队的绝对领导，坚持"一国两制"和推进祖国统一，坚持推动构建人类命运共同体，坚持全面从严治党。

"十四个坚持"基本方略，从新时代中国特色社会主义的实践要求出发，包括中国全方位的发展要求，深化了对共产党执政规律、社会主义建设规律、人类社会发展规律的认识。体现了坚持党对一切工作的领导和坚持全面从严治党的极端重要性，紧紧扭住和高度聚焦中国共产党是当今中国最高政治领导力量。充分体现了坚持以人民为中心的根本立场和坚持全面深化改革的根本方法。包含了中国特色社会主义"五位一体"总体布局和"四个全面"战略布局的基本要求，突出了关键和特殊领域的基本要求，即坚持总体国家安全观体现了国家安全领域的基本要求，坚持党对人民军队的绝对领导体现了军队和国防建设方面的基本要求，坚持"一国两制"和推进祖国统一体现了港澳台工作方面的基本要求，坚持推动构建人类命运共同体体现了外交工作方面的基本要求。总的来看，"十四个坚持"基本方略，从行动纲领和重大对策措施的层面上，对经济、政治、法治、科技、文化、教育、民生、民族、宗教、社会、生态文明、国家安全、国防和军队、"一国两制"和祖国统一、统一战线、外交、党的建设等各方面内容做出了科学回答和战略部署，形成了具有实践性、操作性的根本要求，是实现"两个一百年"奋斗目标、实现中华民族伟大复兴中国梦的"路线图"和"方法论"，是科学的行动纲领和实践遵循。

（四）习近平新时代中国特色社会主义思想是一个严整的理论体系

习近平新时代中国特色社会主义思想坚持马克思主义基本立场、观点和方法，扎根于中国特色社会主义的生动实践，聚焦时代课题、擘画时代蓝图、演奏时代乐章，构建起系统完备、逻辑严密、内在统一的科学理论体系。它有着鲜明的人民立场和科学逻辑，蕴含着丰富的思想方法和工作方法，体现了坚持马克思主义与发展马克思主义的辩证统一，体现了把握事物发展客观规律性与发挥人的主观能动性的辩证统一，体现了立足中国国情与把握世界发展大势的辩证统一，书写了马克思主义发展新篇章。

习近平新时代中国特色社会主义思想内容极其丰富，

既是科学的理论指南，又是根本的行动纲领。"八个明确"侧重于回答新时代坚持和发展什么样的中国特色社会主义的问题，科学阐述了新时代中国特色社会主义发展中生产力与生产关系、经济基础与上层建筑、发展目标与实践进程等的辩证关系，涵盖了经济建设、政治建设、文化建设、社会建设、生态文明建设以及国防、外交、党的建设各个领域，是架构这一科学理论体系的四梁八柱。"十四个坚持"侧重于回答新时代怎么坚持和发展中国特色社会主义的问题，根据新时代的实践要求，从领导力量、发展思想、根本路径、发展理念、政治制度、治国理政、思想文化、社会民生、绿色发展、国家安全、军队建设、祖国统一、国际关系、党的建设等方面，做出深刻的理论分析和明确的政策指导，是习近平新时代中国特色社会主义思想的理论精髓和核心要义的具体展开，同党的基本理论、基本路线一起，构成党和人民事业发展的根本遵循。

总之，习近平新时代中国特色社会主义思想贯通历史、现实和未来，是扎根中国大地、反映人民意愿、顺应时代发展进步要求的科学理论体系。它坚持"实事求是，一切从实际出发"，"坚持问题导向"，"聆听时代声音"，坚持以我们正在做的事情为中心，以解决人民群众最关心、最直接、最现实的利益问题为着力点，顺利推进中国特色社会主义伟大事业。它始终面向党和国家事业长远发展，形成了从全面建成小康社会到基本实现现代化、再到全面建成社会主义现代化强国的战略安排，发出了实现中华民族伟大复兴中国梦的最强音。

三　为发展马克思主义做出原创性贡献

习近平总书记指出:"新中国成立以来特别是改革开放以来,中国发生了深刻变革,置身这一历史巨变之中的中国人更有资格、更有能力揭示这其中所蕴含的历史经验和发展规律,为发展马克思主义作出中国的原创性贡献。"① 习近平新时代中国特色社会主义思想,是发展创新马克思主义的典范,贯通马克思主义哲学、政治经济学、科学社会主义,体现了马克思主义基本原理与当代中国具体实际的有机结合,体现了对中华优秀传统文化、人类优秀文明成果的继承发展,赋予了马克思主义鲜明的实践特色、理论特色、民族特色、时代特色,是当代中国马克思主义、21世纪马克思主义,为丰富和发展马克思主义做出了中国的原创性贡献。

(一) 赋予辩证唯物主义和历史唯物主义新内涵

习近平总书记强调,辩证唯物主义和历史唯物主义是马克思主义的世界观、方法论,是马克思主义全部理论的基石,马克思主义哲学是共产党人的看家本领,"必须不断接受马克思主义哲学智慧的滋养"②。习近平新时代中国

---

① 《习近平谈治国理政》第2卷,外文出版社2017年版,第66页。
② 习近平:《辩证唯物主义是中国共产党人的世界观和方法论》,《求是》2019年第1期。

> 建设新时代社会主义文化强国

特色社会主义思想，创造性地将辩证唯物主义和历史唯物主义运用于党和国家的一切工作中，丰富发展了马克思主义哲学。比如，习近平总书记强调要学习和实践人类社会发展规律的思想，提出共产主义远大理想信念是共产党人的政治灵魂、精神支柱，实现共产主义是由一个一个阶段性目标达成的历史过程，"我们现在的努力以及将来多少代人的持续努力，都是朝着最终实现共产主义这个大目标前进的"[①]，把共产主义远大理想同中国特色社会主义共同理想统一起来、同我们正在做的事情统一起来；强调学习和实践坚守人民立场的思想，提出始终把人民立场作为根本立场，把为人民谋幸福作为根本使命，坚持全心全意为人民服务的根本宗旨，贯彻群众路线，尊重人民主体地位和首创精神，始终保持同人民群众的血肉联系，凝聚起众志成城的磅礴力量，团结带领人民共同创造历史伟业，不断促进人的全面发展、社会全面进步；学习和实践生产力和生产关系的思想，提出生产力是推动社会进步的最活跃、最革命的要素，社会主义的根本任务是解放和发展生产力，坚持发展为第一要务，自觉通过调整生产关系激发社会生产力发展活力，自觉通过完善上层建筑适应经济基础发展要求，让中国特色社会主义更加符合规律地向前发展；强调运用社会矛盾运动学说，揭示新时代中国社会主要矛盾是人民日益增长的美好生活需要和不平衡不充分的

---

① 习近平：《关于坚持和发展中国特色社会主义的几个问题（2013年1月5日）》，载《十八大以来重要文献选编》（上），中央文献出版社2014年版，第115页。

发展之间的矛盾；强调学习掌握唯物辩证法的根本方法，丰富和发展马克思主义方法论，增强战略思维、历史思维、辩证思维、创新思维、法治思维、底线思维能力，等等。这些新思想新观点新方法，在新的时代条件下赋予了辩证唯物主义和历史唯物主义基本原理和方法论新的时代内涵，光大了马克思主义哲学的实践性品格，将马克思主义哲学的创造性运用提升到一个新的境界，为中国人民认识世界、改造世界提供了强大的精神力量，发挥了改造世界的真理伟力。

（二）谱写马克思主义政治经济学新篇章

习近平总书记指出："学好马克思主义政治经济学基本原理和方法论，有利于我们掌握科学的经济分析方法，认识经济运动过程，把握经济社会发展规律，提高驾驭社会主义市场经济能力，更好回答中国经济发展的理论和实践问题。"[①] 习近平总书记立足中国国情和发展实践，深入研究世界经济和中国经济面临的新情况新问题，把马克思主义政治经济学基本原理同新时代中国经济社会发展实际相结合，提炼和总结中国经济发展实践的规律性成果，把实践经验上升为系统化的经济学理论，形成习近平新时代中国特色社会主义经济思想。比如，提出坚持发展为了人民的马克思主义政治经济学的根本立场，坚持以人民为中

---

① 习近平：《不断开拓当代中国马克思主义政治经济学新境界》（2015年11月23日），载习近平《论坚持全面深化改革》，中央文献出版社2018年版，第187页。

心的发展思想,坚定不移走共同富裕道路,推进全民共享、全面共享、共建共享和渐进共享,最终实现全体人民共同富裕,发展了马克思主义关于社会主义生产本质和目的的理论;创造性提出并贯彻创新、协调、绿色、开放、共享的新发展理念,集中反映了我们党对中国经济社会发展规律认识的深化,创新了马克思主义发展观;坚持和完善中国社会主义基本经济制度和分配制度,提出毫不动摇巩固和发展公有制经济,毫不动摇鼓励、支持、引导非公有制经济的发展,完善按劳分配为主体、多种分配方式并存的分配制度,使改革发展成果更多更公平惠及全体人民,实现效率和公平有机统一,发展了马克思主义所有制理论和分配理论;提出完善社会主义市场经济体制,使市场在资源配置中起决定性作用,更好发挥政府作用,实现了我们党对中国特色社会主义建设规律认识的新突破,标志着社会主义市场经济发展进入了一个新阶段;着眼于中国经济由高速增长阶段转向高质量发展阶段的深刻变化,提出积极适应、把握、引领经济发展新常态,坚持质量第一、效益优先,以供给侧结构性改革为主线,推动经济发展质量变革、效率变革、动力变革,建设现代化经济体系,发展了社会主义经济建设理论;站在全面建成小康社会、实现中华民族伟大复兴中国梦的战略高度,把脱贫攻坚摆到治国理政突出位置,提出精准扶贫、精准脱贫等重要思想,推动中国减贫事业取得巨大成就,对世界减贫做出了重大贡献;坚持对外开放基本国策,提出发展更高层次的开放型经济,积极参与全球经济治理,推进"一带一路"建设,深化了社会主义对外开放理论,等等。这一系列新思想新理念新论断，创造性地坚持和发展马克思主义政治经济学基本原理和方法论，实现了中国特色社会主义政治经济学学术体系、话语体系、方法论体系的创新发展，书写了当代中国社会主义政治经济学、21世纪马克思主义政治经济学的最新篇章，打破国际经济学领域许多被奉为教条的西方经济学的理论、概念、方法和话语，为发展马克思主义政治经济学做出重大贡献。

（三）开辟科学社会主义新境界

习近平总书记指出："科学社会主义基本原则不能丢，丢了就不是社会主义。"[1] 对科学社会主义的理论思考、经验总结，对坚持和发展中国特色社会主义的担当和探索，贯穿习近平新时代中国特色社会主义思想形成和发展的全过程。习近平新时代中国特色社会主义思想贯穿科学社会主义基本原则，推进理论创新、实践创新、制度创新、文化创新以及各方面创新，提出一系列关于科学社会主义的新思想。比如，把科学社会主义基本原则同中国具体实际、历史文化传统、时代要求紧密结合起来，提出"中国特色社会主义是社会主义而不是其他什么主义"[2]，是科学社会主义理论逻辑和中国社会发展历史逻辑的辩证统一，是根植于中国大地、反映中国人民意愿、适应中国和时代

---

[1] 习近平：《关于坚持和发展中国特色社会主义的几个问题（2013年1月5日）》，载《十八大以来重要文献选编》（上），中央文献出版社2014年版，第109页。

[2] 同上。

发展进步要求的科学社会主义；明确中国特色社会主义事业总体布局是"五位一体"、战略布局是"四个全面"，强调坚定"四个自信"，明确全面深化改革是坚持和发展中国特色社会主义的根本动力等，丰富发展了马克思主义关于社会主义全面发展的认识；将科学社会主义基本原则运用于解决当代中国实践问题，创造性地提出中国特色社会主义进入新时代、建设社会主义现代化强国的思想，丰富发展了社会主义发展阶段理论；创造性地提出坚持和完善中国特色社会主义制度、不断推进国家治理体系和治理能力现代化的思想，创建了科学社会主义关于国家治理体系和治理能力现代化的崭新理论，丰富发展了马克思主义国家学说和社会治理学说；站在人类历史发展进程的高度，正确把握国际形势的深刻变化，顺应和平、发展、合作、共赢的时代潮流，高瞻远瞩地提出构建人类命运共同体的重大思想，建设持久和平、普遍安全、共同繁荣、开放包容、清洁美丽的世界，丰富发展了马克思主义关于未来社会发展的理论；创造性地提出中国特色社会主义最本质的特征和中国特色社会主义制度的最大优势是中国共产党的领导，党是最高政治领导力量，新时代党的建设总要求、新时代党的组织路线，突出政治建设在党的建设中的重要地位，持之以恒全面从严治党等重大思想，科学地解答了马克思主义执政党长期执政面临的一系列重大问题，深化了对共产党执政规律的认识，丰富发展了马克思主义政党建设理论，等等。这些重大理论观点，是习近平总书记总结世界社会主义500多年历史，科学社会主义170多年历史，特别是中华人民共和国近70年社会主义建设正反经验得出的重要结论，回答了在21世纪如何坚持和发展科学社会主义等重大理论和实践问题，丰富和发展了科学社会主义基本原理，彰显了科学社会主义的鲜活生命力，使社会主义的伟大旗帜始终在中国大地上高高飘扬，把科学社会主义推向一个新的发展阶段。

实践没有止境，理论创新也没有止境。习近平总书记指出："世界每时每刻都在发生变化，中国也每时每刻都在发生变化，我们必须在理论上跟上时代，不断认识规律，不断推进理论创新、实践创新、制度创新、文化创新以及其他各方面创新。"[①] 今天，时代变化和中国发展的广度和深度远远超出了马克思主义经典作家当时的想象，这就要求我们坚持用马克思主义观察时代、解读时代、引领时代，用鲜活丰富的当代中国实践来推动马克思主义发展，以更加宽阔的眼界审视马克思主义在当代发展的现实基础和实践需要，继续发展21世纪马克思主义，不断开辟马克思主义发展新境界，使马克思主义放射出更加灿烂的真理光芒。

四 坚持用习近平新时代中国特色社会主义思想统领哲学社会科学工作

习近平总书记指出："坚持以马克思主义为指导，是

---

① 习近平：《决胜全面建成小康社会 夺取新时代中国特色社会主义伟大胜利——在中国共产党第十九次全国代表大会上的报告》（2017年10月18日），人民出版社2017年版，第26页。

当代中国哲学社会科学区别于其他哲学社会科学的根本标志,必须旗帜鲜明加以坚持。"[1] 不坚持以马克思主义为指导,哲学社会科学就会失去灵魂、迷失方向,最终也不能发挥应有作用。习近平新时代中国特色社会主义思想是闪耀真理光辉、凝结时代精华的当代中国马克思主义,是新时代哲学社会科学的最高成果。坚持习近平新时代中国特色社会主义思想,就是真正坚持和发展马克思主义。用习近平新时代中国特色社会主义思想武装头脑、指导实践、推动工作,是做好一切工作的重要前提。坚持以习近平新时代中国特色社会主义思想为统领,中国哲学社会科学就有了定盘星和主心骨,就能保证哲学社会科学研究坚持正确的政治方向、学术导向和价值取向,就能与时代同步伐、与人民齐奋进,实现哲学社会科学的大繁荣大发展。

(一) 学懂弄通做实习近平新时代中国特色社会主义思想

学习宣传贯彻习近平新时代中国特色社会主义思想是哲学社会科学界头等政治任务和理论任务。担负起新时代赋予的构建中国特色哲学社会科学崇高使命,必须做到:一要学懂,深入学习领会这一思想蕴含的核心要义、丰富内涵、重大意义,深刻领悟这一思想对丰富发展马克思主义理论宝库做出的原创性贡献,深刻把握这一思想对哲学社会科学工作的指导意义;二要弄通,学习贯穿习近平新

---

[1] 习近平:《在哲学社会科学工作座谈会上的讲话》(2016年5月17日),人民出版社2016年版,第8页。

时代中国特色社会主义思想的立场观点方法，既要知其然又要知其所以然，体会习近平总书记为什么这么讲，站在什么样的高度来讲；三要落实，全面贯彻习近平总书记在哲学社会科学工作座谈会上的重要讲话和致中国社会科学院建院40周年、中国社会科学院中国历史研究院成立贺信精神，把习近平新时代中国特色社会主义思想落实到哲学社会科学各个领域、各个方面，切实贯穿到学术研究、课堂教学、成果评价、人才培养等各个环节，促进党的创新理论与各个学科、概念、范畴之间的融通，使党的重大理论创新成果真正融入哲学社会科学中去，推出系统性与学理性并重、说理透彻与文风活泼兼备的高水平研究成果，书写研究阐释当代中国马克思主义、21世纪马克思主义的学术经典，为推进马克思主义中国化时代化大众化做出新贡献。

（二）坚持以研究回答新时代重大理论和现实问题为主攻方向

问题是时代的声音。习近平总书记反复强调："当代中国的伟大社会变革，不是简单延续我国历史文化的母版，不是简单套用马克思主义经典作家设想的模板，不是其他国家社会主义实践的再版，也不是国外现代化发展的翻版，不可能找到现成的教科书。"① 建设具有中国特色、中国风格、中国气派的哲学社会科学，必须立足中国实

---

① 习近平：《在哲学社会科学工作座谈会上的讲话》（2016年5月17日），人民出版社2016年版，第21页。

际，以我们正在做的事情为中心，坚持问题导向，始终着眼党和国家工作大局，聚焦新时代重大理论和现实问题，聚焦人民群众关注的热点和难点问题，聚焦党中央关心的战略和策略问题，特别是习近平总书记提出的一系列重大问题，例如，如何巩固马克思主义在意识形态领域的指导地位，培育和践行社会主义核心价值观，巩固全党全国各族人民团结奋斗的共同思想基础；如何贯彻落实新发展理念、加快推进供给侧结构性改革、转变经济发展方式、提高发展质量和效益；如何更好保障和改善民生、促进社会公平正义；如何提高改革决策水平、推进国家治理体系和治理能力现代化；如何加快建设社会主义文化强国、增强文化软实力、提高中国在国际上的话语权；如何不断提高党的领导水平和执政水平、增强拒腐防变和抵御风险能力等，在研究这些问题上大有作为，推出更多对中央决策有重要参考价值、对事业发展有重要推动作用的优秀成果，揭示中国社会发展、人类社会发展的大逻辑大趋势，为实现中华民族伟大复兴的中国梦提供智力支持。

（三）加快构建中国特色哲学社会科学学科体系、学术体系、话语体系

哲学社会科学的特色、风格、气派，是发展到一定阶段的产物，是成熟的标志，是实力的象征，也是自信的体现。构建中国特色哲学社会科学，是新时代繁荣发展中国哲学社会科学事业的崇高使命，是广大哲学社会科学工作者的神圣职责。哲学社会科学界要以高度的政治自觉和学术自觉，以强烈的责任感、紧迫感和担当精神，在加快构

建"三大体系"上有过硬的举措、实质性进展和更大作为。要按照习近平总书记在哲学社会科学工作座谈会上的重要讲话中提出的指示要求，按照立足中国、借鉴国外，挖掘历史、把握当代，关怀人类、面向未来的思路，体现继承性、民族性，体现原创性、时代性，体现系统性、专业性，构建中国哲学社会科学学科体系、学术体系、话语体系，形成全方位、全领域、全要素的哲学社会科学体系，为建设具有中国特色、中国风格、中国气派的哲学社会科学奠定基础，增强中国哲学社会科学研究的国际影响力，提升国家的文化软实力，让世界知道"学术中的中国""理论中的中国""哲学社会科学中的中国"。

（四）弘扬理论联系实际的马克思主义学风

繁荣发展中国哲学社会科学，必须解决好学风问题，加强学风建设。习近平总书记指出："理论一旦脱离了实践，就会成为僵化的教条，失去活力和生命力。"[①] 哲学社会科学工作者要理论联系实际，大力弘扬崇尚精品、严谨治学、注重诚信、讲求责任的优良学风，营造风清气正、互学互鉴、积极向上的学术生态；要树立良好学术道德，自觉遵守学术规范，讲究博学、审问、慎思、明辨、笃行，崇尚"士以弘道"的价值追求，真正把做人、做事、做学问统一起来；要有"板凳要坐十年冷，文章不写一句空"的执着坚守，耐得住寂寞，经得起诱惑，守得住底

---

① 习近平：《辩证唯物主义是中国共产党人的世界观和方法论》，《求是》2019年第1期。

线，立志做大学问、做真学问；要把社会责任放在首位，严肃对待学术研究的社会效果，自觉践行社会主义核心价值观，做真善美的追求者和传播者，以深厚的学识修养赢得尊重，以高尚的人格魅力引领风气，在为祖国、为人民立德立言中成就自我、实现价值，成为先进思想的倡导者、学术研究的开拓者、社会风尚的引领者、中国共产党执政的坚定支持者。

（五）坚持和加强党对哲学社会科学的全面领导

哲学社会科学事业是党和人民的重要事业，哲学社会科学战线是党和人民的重要战线。加强和改善党对哲学社会科学工作的全面领导，是出高质量成果、高水平人才，加快构建"三大体系"的根本政治保证。要树牢"四个意识"，坚定"四个自信"，坚决做到"两个维护"，坚定不移地在思想上政治上行动上同以习近平同志为核心的党中央保持高度一致，坚定不移地维护习近平总书记在党中央和全党的核心地位，坚定不移地维护党中央权威和集中统一领导，确保哲学社会科学始终围绕中心，服务大局；要加强政治领导和工作指导，尊重哲学社会科学发展规律，提高领导哲学社会科学工作本领，一手抓繁荣发展、一手抓引导管理；要认真贯彻党的知识分子政策，尊重劳动、尊重知识、尊重人才、尊重创造，做到政治上充分信任、思想上主动引导、工作上创造条件、生活上关心照顾，多为他们办实事、做好事、解难事；要切实贯彻百花齐放、百家争鸣方针，开展平等、健康、活泼和充分说理的学术争鸣，提倡不同学术观点、不同风格学派相互切磋、平等讨论；要正确区分学术问题和政治问题，不要把一般的学术问题当成政治问题，也不要把政治问题当作一般的学术问题，既反对打着学术研究旗号从事违背学术道德、违反宪法法律的假学术行为，也反对把学术问题和政治问题混淆起来、用解决政治问题的办法对待学术问题的简单化做法。

"群才属休明，乘运共跃鳞。"中国特色社会主义进入新时代，也是哲学社会科学繁荣发展的时代，是哲学社会科学工作者大有可为的时代。广大哲学社会科学工作者，要坚持以习近平新时代中国特色社会主义思想为指导，发愤图强，奋力拼搏，书写新时代哲学社会科学发展新篇章，为实现"两个一百年"奋斗目标、实现中华民族伟大复兴的中国梦做出新的更大贡献。

出版前言

党的十八大以来,以习近平同志为主要代表的中国共产党人,顺应时代发展,站在党和国家事业发展全局的高度,围绕坚持和发展中国特色社会主义,从理论和实践结合上系统回答了新时代坚持和发展什么样的中国特色社会主义、怎样坚持和发展中国特色社会主义这个重大时代课题,创立了习近平新时代中国特色社会主义思想。习近平新时代中国特色社会主义思想,内容丰富、思想深刻,涉及生产力和生产关系、经济基础和上层建筑各个环节,涵盖经济建设、政治建设、文化建设、社会建设、生态文明建设、党的建设以及国防和军队建设、外交工作等领域,形成了系统完整、逻辑严密的科学理论体系。习近平新时代中国特色社会主义思想是对马克思列宁主义、毛泽东思想、邓小平理论、"三个代表"重要思想、科学发展观的继承和发展,是马克思主义中国化的最新成果,是当代中国马克思主义、21世纪马克思主义,是全党全国人民为实现"两个一百年"奋斗目标和中华民族伟大复兴而奋斗的行动指南。深入学习、刻苦钻研、科学阐释习近平新时代中国特色社会主义思想是新时代赋予中国哲学社会科学工作者的崇高使命与责任担当。

2015年年底，为了深入学习贯彻落实习近平总书记系列重要讲话精神和治国理政新理念新思想新战略，中国社会科学出版社赵剑英社长开始策划组织《习近平总书记系列重要讲话精神和治国理政新理念新思想新战略学习丛书》的编写出版工作。中国社会科学院党组以强烈的政治意识、大局意识、核心意识、看齐意识，高度重视这一工作，按照中央的相关部署和要求，组织优秀精干的科研力量对习近平总书记系列重要讲话精神和治国理政新理念新思想新战略进行集中学习、深入研究、科学阐释，开展该丛书的撰写工作。

2016年7月，经全国哲学社会科学工作办公室批准，《习近平总书记系列重要讲话精神和治国理政新理念新思想新战略学习丛书》的写作出版，被确立为国家社会科学基金十八大以来党中央治国理政新理念新思想新战略研究专项工程项目之一，由时任中国社会科学院院长、党组书记王伟光同志担任首席专家。国家社会科学基金十八大以来党中央治国理政新理念新思想新战略研究专项工程项目于2016年4月设立，包括政治、经济、文化、军事等13个重点研究方向。本课题是专项工程项目中唯一跨学科、多视角、全领域的研究课题，涉及除军事学科之外12个研究方向，相应成立了12个子课题组。

党的十九大召开之前，作为向十九大献礼的项目，课题组完成了第一批书稿，并报中央宣传部审批。党的十九大召开之后，课题组根据习近平总书记最新重要讲话和党的十九大精神，根据中宣部的审读意见，对书稿进行了多次修改完善，并将丛书名确立为《习近平新时代中国特色社会主义思想学习丛书》。

中国社会科学院院长、党组书记谢伏瞻同志对本课题的研究和丛书的写作、修改做出明确指示，并为之作序。王伟光同志作为课题组首席专家，主持制定总课题和各子课题研究的基本框架、要求和实施方案。中国社会科学院副院长、党组副书记王京清同志一直关心本丛书的研究和写作，对出版工作予以指导。中国社会科学院副院长蔡昉同志具体负责课题研究和写作的组织协调与指导。中国社会科学院科研局局长马援等同志，在项目申报、经费管理等方面给予了有力支持。中国社会科学出版社作为项目责任单位，在本丛书总策划，党委书记、社长赵剑英同志的领导下，以高度的政治担当意识和责任意识，协助院党组和课题组专家认真、严谨地做好课题研究管理、项目运行和编辑出版等工作。中国社会科学出版社总编辑助理王茵同志、重大项目出版中心主任助理孙萍同志，对项目管理、运行付出了诸多辛劳。

在三年多的时间里，课题组近一百位专家学者系统深入学习习近平同志在不同历史时期所发表的重要讲话和著述，深入研究、精心写作，召开了几十次的理论研讨会、专家审稿会，对书稿进行多次修改，力图系统阐释习近平新时代中国特色社会主义思想的时代背景、理论渊源、实践基础、主题主线、主要观点和核心要义，努力从总体上把握习近平新时代中国特色社会主义思想内在的理论逻辑和精神实质，全面呈现其当代中国马克思主义、21世纪马克思主义的理论形态及其伟大的理论和实践意义，最终形成了总共约300万字的《习近平新时代中国特色社会主思想学习丛书》，共12册。

（1）《开辟当代马克思主义哲学新境界》
（2）《深入推进新时代党的建设新的伟大工程》
（3）《坚持以人民为中心的新发展理念》
（4）《构建新时代中国特色社会主义政治经济学》
（5）《全面依法治国　建设法治中国》
（6）《建设新时代社会主义文化强国》
（7）《实现新时代中国特色社会主义文艺的历史使命》
（8）《生态文明建设的理论构建与实践探索》
（9）《走中国特色社会主义乡村振兴道路》
（10）《习近平新时代中国特色社会主义外交思想研究》
（11）《习近平新时代治国理政的历史观》
（12）《全面从严治党永远在路上》

习近平新时代中国特色社会主义思想博大精深、内涵十分丰富，我们虽已付出最大努力，但由于水平有限，学习体悟尚不够深入，研究阐释定有不少疏漏之处，敬请广大读者提出宝贵的指导意见，以期我们进一步修改完善。

最后，衷心感谢所有参与本丛书写作和出版工作的专家学者、各级领导以及编辑、校对、印制等工作人员。

《习近平新时代中国特色社会主义思想学习丛书》课题组

首席专家　王伟光

中国社会科学出版社

2019年3月

目 录

第一章 坚定文化自信 建设文化强国 …………（1）
  第一节 文化的重要地位和作用 …………（3）
    一 文化是一个国家、一个民族的血脉
      与灵魂 …………（3）
    二 文化是一个国家、一个民族自立的
      精神支撑 …………（5）
    三 文化繁荣兴盛是国家崛起和民族
      复兴的重要标志 …………（9）
  第二节 文化自信的基本内涵和理论意义 ………（18）
    一 文化自信的基本内涵 …………（18）
    二 坚定文化自信的理论意义 …………（24）
    三 坚定文化自信的底气和骨气 …………（28）
  第三节 文化自信的重要地位 …………（30）
    一 文化自信的彰显 …………（31）
    二 "四个自信"的内在联系 …………（38）

第二章 推动中国特色社会主义文化繁荣兴盛 ……（41）
  第一节 中国特色社会主义文化的基本内涵 ……（41）

一　博大精深的优秀传统文化 …………………（42）
　　二　昂扬向上的革命文化 ……………………（43）
　　三　承前启后、继往开来的社会主义先进
　　　　文化 ……………………………………（47）
　　四　兼容并蓄、博采众长的宽广文化胸怀 ………（49）
第二节　中国特色社会主义文化繁荣兴盛的
　　　　主要任务 …………………………………（52）
　　一　牢牢掌握意识形态工作领导权 ……………（52）
　　二　培育和践行社会主义核心价值观 …………（53）
　　三　加强思想道德建设 ………………………（54）
　　四　繁荣发展社会主义文艺 …………………（55）
　　五　推动文化事业和文化产业发展 ……………（55）
　　六　进一步坚定文化自信 ……………………（56）
　　七　推动中华优秀传统文化的当代化、
　　　　现代化 …………………………………（57）
　　八　重视党的实践经验和创新成果的
　　　　系统化、理论化、学理化 …………………（62）
　　九　推进外国优秀文化成果的中国化、
　　　　本土化 …………………………………（63）
　　十　善于主动设置议题，提出标识性概念 ………（65）
第三节　加快构建中国特色哲学社会科学 …………（67）
　　一　哲学社会科学的重要地位和作用 …………（68）
　　二　哲学社会科学面临的形势 …………………（69）
　　三　构建中国特色哲学社会科学的主要
　　　　任务 ……………………………………（71）

第三章　用社会主义核心价值观凝魂聚力 …………（76）

第一节　社会主义核心价值观关乎国家前途命运、关乎人民幸福安康 …………（77）

一　社会主义核心价值观关乎国家前途命运 …………（78）

二　社会主义核心价值观关乎人民幸福安康 …………（82）

第二节　社会主义核心价值观构筑中国精神、中国价值、中国力量 …………（86）

一　建设什么样的国家 …………（86）

二　建设什么样的社会 …………（89）

三　培育什么样的公民 …………（92）

第三节　要坚持社会主义核心价值观内化于心、外化于行 …………（95）

一　必须立足中华优秀传统文化 …………（96）

二　大力弘扬爱国主义精神 …………（99）

三　要持续深化社会主义思想道德建设 …………（101）

四　要在落细、落小、落实上下功夫 …………（103）

第四章　实现中华优秀传统文化的创造性转化和创新性发展 …………（107）

第一节　中华优秀传统文化的历史定位 …………（108）

一　中华民族生生不息、发展壮大的精神滋养 …………（108）

二　中华民族的文化基因和精神家园 …………（109）

三　中华民族最深厚的文化软实力 …………（111）

四　中华优秀传统文化是人类共有的
　　　　精神财富 …………………………………… (112)

第二节　中华优秀传统文化的时代价值 ………… (114)
　　一　实现中华民族伟大复兴中国梦的
　　　　坚实支撑 …………………………………… (115)
　　二　中国特色社会主义植根的文化沃土 ……… (118)
　　三　中国共产党治国理政的历史镜鉴 ………… (121)
　　四　涵养社会主义核心价值观的重要源泉 …… (126)
　　五　党和国家外交理念、外交政策创新的
　　　　重要思想来源 ……………………………… (130)

第三节　以科学态度对待中华传统文化 ………… (135)
　　一　重视借鉴和运用历史经验是中国
　　　　共产党的优良传统 ………………………… (136)
　　二　对中华文明要多一份尊重、多一份
　　　　思考 ………………………………………… (137)
　　三　坚持有鉴别地对待和有扬弃地继承 ……… (138)
　　四　关键在于创造性转化和创新性发展 ……… (139)
　　五　正确对待其他国家和民族的优秀
　　　　文明成果 …………………………………… (140)

**第五章　牢牢掌握意识形态工作领导权、管理权、
　　　　话语权** ……………………………………… (143)
第一节　意识形态工作极端重要 …………………… (144)
　　一　当前意识形态工作面临的问题和挑战 …… (145)
　　二　意识形态工作的实践基础和现实前提 …… (149)

第二节　把意识形态工作牢牢掌握在手中……（154）
　　一　意识形态工作的主要目标以及基本
　　　　要求………………………………………（154）
　　二　做好意识形态工作需要处理的重大
　　　　关系………………………………………（157）
第三节　弘扬主旋律,传播正能量………………（162）
　　一　把握新闻舆论工作正确方向………………（162）
　　二　不断提高新闻舆论工作水平………………（167）
第四节　积极推进意识形态工作创新……………（171）
　　一　深刻理解现代信息技术带来的挑战………（172）
　　二　重点抓好意识形态工作的三大创新………（175）

第六章　提高国家文化软实力………………………（180）
　第一节　文化软实力:国家综合实力的核心……（180）
　　一　文化软实力的基本内涵……………………（181）
　　二　提高文化软实力关系中国的国际地位
　　　　和国际影响力……………………………（182）
　　三　文化软实力关乎"两个一百年"奋斗目标
　　　　和中华民族伟大复兴中国梦的实现………（184）
　　四　为推进"一带一路"建设提供文化
　　　　软支撑……………………………………（187）
　第二节　如何提高国家文化软实力………………（189）
　　一　要努力夯实国家文化软实力的根基………（190）
　　二　传播当代中国价值观念……………………（192）
　　三　展示中华文化独特魅力……………………（195）
　　四　讲好中国故事………………………………（198）

第七章　开展文明交流互鉴 …………………（201）
第一节　维护世界文化多样性 ………………（202）
一　文明多样性是人类社会的客观现实 ………（202）
二　文明多样性是世界和平的文化基础 ………（205）
第二节　开展文明交流与互鉴 ………………（208）
一　交流与互鉴是文明发展进步的动力 ………（209）
二　开展文明交流互鉴 ……………………………（217）
三　构建人类命运共同体 …………………………（226）

参考文献 ………………………………………（235）

索引 ……………………………………………（241）

后记 ……………………………………………（245）

第一章

坚定文化自信　建设文化强国

习近平总书记在党的十九大报告中明确宣示，经过长期努力，中国特色社会主义进入了新时代，这是我国发展新的历史方位。中国特色社会主义进入新时代，意味着近代以来久经磨难的中华民族迎来了从站起来、富起来到强起来的伟大飞跃，迎来了实现中华民族伟大复兴的光明前景；意味着科学社会主义在21世纪的中国焕发出了强大的生机活力，在世界上高高举起了中国特色社会主义伟大旗帜；意味着中国特色社会主义道路、理论、制度、文化不断发展，拓展了发展中国家走向现代化的途径，给世界上那些既希望加快发展又希望保持自身独立性的国家和民族提供了全新选择，为解决人类问题贡献了中国智慧和中国方案。

中国特色社会主义新时代是从党的十八大开启的。对于过去五年思想文化建设的成就，习近平总书记在党的十九大报告中是这样总结的："思想文化建设取得重大进展。加强党对意识形态工作的领导，党的理论创新全面推进，马克思主义在意识形态领域的指导地位更加鲜明，中国特色社会主义和中国梦深入人心，社会主义核心价值观和中华优秀传统文化广泛弘扬，群众性精神文明创建活动扎实开展。公共文化服务水平不断提高，文艺创作持续繁荣，文化事业和文化产业蓬勃发展，互联网建设管理运用不断完善，全民健身和竞技体育全面发展。主旋律更加响亮，正能量更加强劲，文化自信得到彰显，国家文化软实力和中华文化影响力大幅提升，全党全社会思想上的团结统一更加巩固。"①

从党的十八大到党的十九大，习近平总书记从党和国家事业发展全局出发，围绕新时代坚持和发展什么样的中国特色社会主义、怎样坚持和发展中国特色社会主义，坚持和发展什么样的中国特色社会主义文化、怎样坚持和发展中国特色社会主义文化这一主题，对提升文化自觉、坚定文化自信、推进文化自强等重大问题作出全面、系统、深刻的论述。这一系列重要论述，是习近平新时代中国特色社会主义思想的重要组成部分，是对中国特色社会主义理论体系的丰富和发展，标志着我们党对文化重要地位和作用的认识及对社会主义文化发展规律的把握提升到一个新境界，进入一个新阶段，为新时代推动社会主义文化繁荣兴盛、建设社会主义文化强国提供了根本遵循，指明了前进方向。习近平总书记在党的十九大报告中指出："当代中国共产党人和中国人民应该而且一定能够担负起新的文化使命，在实践创造中进行文化创造，在历史进步中实

---

① 习近平：《决胜全面建成小康社会　夺取新时代中国特色社会主义伟大胜利——在中国共产党第十九次全国代表大会上的报告》（2017年10月18日），人民出版社2017年版，第4—5页。

现文化进步！"① 这是习近平总书记向全党全国人民作出的庄严承诺，也是中国共产党向世界作出的郑重宣示。

第一节　文化的重要地位和作用

目前，学术界关于文化的定义有数百个之多。但是，无论作出怎样差异化的界定，人们对文化在一个国家和民族发展中的重要地位和作用，总是具有广泛而一贯的共识。中华民族对于文化地位和作用的重视是毋庸置疑的，而且在一定意义上说也是其他国家和民族难以企及的。中华文明是世界上独一无二的绵延5000多年而从未中断的文明形态，本身就是最强有力的佐证和说明。

一　文化是一个国家、一个民族的血脉与灵魂

一部人类社会发展史，既是人类繁衍赓续、创造财富的物质文明发展史，更是人类文化积累、文明传承的精神文明发展史。甚至可以说，整个人类历史就是一部文化史，就是人类在文化上不断积淀、发展、创造、升华的历史。数千年来中国和世界的历史表明，文化是一个国家、一个民族的血脉和灵魂，是一个国家、一个民族生存和发展的重要力量。人类社会的每一次跃进，人类文明的每一次升华，无不伴随着文化的历史性进步，无不留下文化发

---

① 习近平：《决胜全面建成小康社会　夺取新时代中国特色社会主义伟大胜利——在中国共产党第十九次全国代表大会上的报告》（2017年10月18日），人民出版社2017年版，第44页。

展的深刻烙印。对任何一个国家和民族来说，文化都凝聚着本国本民族对世界和自身的历史认知和现实感受，展现着这个国家和民族最深层的精神追求。古往今来，文化始终滋养着一个国家和民族的世界观、人生观、价值观，影响着一个国家和民族的思维方式、行为方式、交往方式。"国民之魂，文以化之；国家之神，文以铸之。"2013年11月26日，习近平总书记到孔府和孔子研究院参观考察时强调，一个国家、一个民族的强盛，总是以文化兴盛为支撑的，中华民族伟大复兴需要以中华文化发展繁荣为条件。对历史文化特别是先人传承下来的道德规范，要坚持古为今用、推陈出新，有鉴别地加以对待，有扬弃地予以继承。在党的十九大报告中，习近平总书记再次强调："文化是一个国家、一个民族的灵魂。文化兴国运兴，文化强民族强。没有高度的文化自信，没有文化的繁荣兴盛，就没有中华民族伟大复兴。"[1]

习近平总书记还将文运与国运、文脉与国脉相并列，彰显文化在一个国家、一个民族发展中的重要地位和作用，突出文化与一个国家、一个民族之间的血肉联系。他强调："文运同国运相牵，文脉同国脉相连。"[2] 当今时代，文化越来越成为民族凝聚力和创造力的重要源泉，越来越成为综合国力竞争的重要因素，越来越成为经济社会发展

---

[1] 习近平：《决胜全面建成小康社会 夺取新时代中国特色社会主义伟大胜利——在中国共产党第十九次全国代表大会上的报告》（2017年10月18日），人民出版社2017年版，第40—41页。

[2] 习近平：《在中国文联十大、中国作协九大开幕式上的讲话》（2016年11月30日），人民出版社2016年版，第5页。

的重要支撑。无论任何国家和民族，无论任何社会条件和历史时代，文化都像空气一样，无时不在、无处不在。因此，谁占据了文化发展的制高点，谁就能够更好地在激烈的国际竞争中掌握主动权。

早在1940年，毛泽东同志就曾经指出："一定的文化（当作观念形态的文化）是一定社会的政治和经济的反映，又给予伟大影响和作用于一定社会的政治和经济。"[①] 习近平总书记明确指出："文明特别是思想文化是一个国家、一个民族的灵魂。无论哪一个国家、哪一个民族，如果不珍惜自己的思想文化，丢掉了思想文化这个灵魂，这个国家、这个民族是立不起来的。"[②] 我们不赞成什么文化绝对论，也不认同什么文化决定论，但是应当承认，政治、经济、社会、生态等几乎所有领域发生的问题，都可以在文化中找到其根源或因子。

二 文化是一个国家、一个民族自立的精神支撑

纵观历史，大凡能够对人类文明进程产生重要影响、赢得世界普遍认可和尊重的国家或民族，往往不是因为其疆土广阔、人口众多，也不是因为其经济和军事实力多么强大，而是因为其绵长的文化传统和深厚的文化积淀，因为其卓尔不群的文化品格与文化魅力。而且，世

---

① 毛泽东：《新民主主义论》（1940年1月），《毛泽东选集》第2卷，人民出版社1991年版，第663—664页。

② 习近平：《在纪念孔子诞辰2565周年国际学术研讨会暨国际儒学联合会第五届会员大会开幕会上的讲话》（2014年9月24日），人民出版社2014年版，第9页。

界发展史一再证明，仅仅依靠军事等所谓"硬实力"兴起的国家或民族，往往最终难以摆脱衰亡的命运。数千年来，这方面的例子可以说不胜枚举。拿破仑曾经说过，世上有两种力量：利剑和思想；从长而论，利剑总是败在思想手下。或许，这是拿破仑从自己刻骨铭心的切身体验中得出的结论。

文化影响力和文化软实力，与经济、军事等硬实力总是相互依托、互相促进的。古往今来，中华民族之所以在世界上有地位、有影响，不是靠穷兵黩武，不是靠对外扩张，甚至不是靠数度位居世界前列的经济实力，而是靠中华文化的强大感召力和吸引力。我们的先人早就认识到"远人不服，则修文德以来之"的道理。阐释中华民族禀赋、中华民族特点、中华民族精神，以德服人、以文化人是其中很重要的一个方面。[①] 在几千年的历史流变中，中华民族从来不是一帆风顺的，而是遇到了无数艰难困苦，但我们都挺过来、走过来了，其中一个很重要的原因就是世世代代的中华儿女培育和发展了独具特色、博大精深的中华文化，为中华民族克服困难、生生不息提供了强大精神支撑。历史和现实都证明，中华民族有着强大的文化生命力和文化创造力。每到重大历史关头，文化都能感国运之变化、立时代之潮头、发时代之先声，为亿万人民、为伟大祖国鼓与呼。中华文化既坚守本根又不断与时俱进，使中华民族保持了坚定

---

① 习近平：《在文艺工作座谈会上的讲话》（2014年10月15日），人民出版社2015年版，第3页。

的民族自信和强大的修复能力，培育了共同的情感和价值、共同的理想和精神。①

从根本上说，文化上的信任才是一个国家、一个民族能够赢得的可持续的信任。换句话说，只有文化层面上的信任，才是真正的信任。经济融合、政治互信、贸易互信、战略互信等，是以文化互信为前提的。十几年前，法国前总理拉法兰在出席中国外交学院举办的外交论坛时曾经说，如果说中国在世界经济方面的重要性得到了肯定，那么，对21世纪世界思想的发展，中国的重要性也是不言而喻的。因为20世纪思想的主流是对抗的思想，认为只有对抗才能产生真正的活力，而21世纪的思想完全不同，它应该是一种和谐的思想。现在法国的很多学者都主张一种复杂性思维，他们认为在政治思想方面应当能够把反面的、对立的、冲突的东西都纳入进来。这种思维归结起来，其实就是超越的思维、和谐的思维。中国的古老文明为世界上和谐思想的发展作出了卓越的贡献。拉法兰针对中国与法国彼此间的关系说，法国对中国的信任并不仅仅是物质层面的，而更多的是文化和政治层面的，而正是因为这一点，法国对中国的信任才是一种可持续的信任。法国也非常希望加强与中国的经济合作，但完全可以超越这种简单的经济思维，因为法国对中国的信任是在文化层

---

① 习近平：《在文艺工作座谈会上的讲话》（2014年10月15日），人民出版社2015年版，第5页。

面的。① 拉法兰还曾经强调，当今世界的和平，要依靠中国人民的智慧，世界的和平需要文化、需要哲学、需要对话，从这方面来说，中国的力量不可忽视。世界需要中国，因为中国是世界增长最快的国家之一，但是，我们的世界也需要中国的文化与中国的文明。②

抗战胜利后，原先组成西南联合大学的北京大学、清华大学、南开大学分别回迁复校，著名哲学家冯友兰先生应邀为"国立西南联合大学"纪念碑撰写碑文。其中有这样一句话："盖并世列强，虽新而不古；希腊罗马，有古而无今。惟我国家，亘古亘今，亦新亦旧。"应当说，这是对中华文明和中华文化生命力、创造力的真切写照。中华文明虽然不是世界上最古老的，但是文化没有断过流、始终传承下来的只有中国。

英国历史学家阿诺德·汤因比在对世界文明进行比较研究后，也得出了与冯友兰先生类似的结论。他说，在近6000年的人类历史上，出现过26个文明形态，只有中国的文化体系有古有今，长期延续而未中断过。中国人在漫长的历史中已经证明了，依靠文化和文明的力量，可以将亿万人民根据文化情感纽带的联系而组织在一个以天下主义和世界主义为文明基准的国家中。因此，汤因比充分肯定中华文明的世界价值，认为其世界主义（天下主义）精

---

① 孙奕整理：《中国的利益就是世界的利益——法国前总理拉法兰外交学院演讲摘录》，《视野》2006年第7期。
② 《我是中法中间那个破折号——专访法国前总理拉法兰》，《南方人物周刊》2010年第5期。

神和人文主义价值观等，将使中华文明担负起未来数百年引领世界大同的精神使命，成为世界文明的希望和未来所在。在晚年与池田大作关于人类文明的对话中，汤因比预告了中国在21世纪的崛起，并断言世界的未来在中国，人类的出路在于中国文明。①

三　文化繁荣兴盛是国家崛起和民族复兴的重要标志

一个国家的崛起，一个民族的复兴，必然伴随着文化的繁荣和兴盛。人类社会发展的历史证明，一个国家、一个民族不仅物质上不能贫困，而且精神上更不能贫困；只有物质上和精神上都富有，才能成为一个有强大生命力和凝聚力、有光明发展前景的国家和民族。习近平总书记指出："没有中华文化繁荣兴盛，就没有中华民族伟大复兴。一个民族的复兴需要强大的物质力量，也需要强大的精神力量。没有先进文化的积极引领，没有人民精神世界的极大丰富，没有民族精神力量的不断增强，一个国家、一个民族不可能屹立于世界民族之林。"② 概而言之，一个国家的崛起或一个民族的复兴，不仅是一种经济现象，更是一种文化现象；不仅要有经济这个"硬"指标，而且还要有文化这个"软"指标。如前所述，假如以"躯体"和"灵魂"作比喻，那么经济是"躯体"，文化则是"灵

---

① 刘涛：《汤因比的预言：中国文明将照亮21世纪》，《社会观察》2013年第3期。

② 习近平：《在文艺工作座谈会上的讲话》（2014年10月15日），人民出版社2015年版，第5页。

魂"。由此，文化这个所谓"软"指标的重要性也就不言而喻了。数千年来人类文明进步的历史充分证明，没有深厚的文化底蕴，没有持续的文化创新，没有先进文化的积极引领，没有人民精神世界的极大丰富，没有民族精神力量的不断增强，一个国家、一个民族是难以发展起来，也是不可能走在世界前列的。

实现中华民族伟大复兴，是中华民族近代以来最伟大的梦想。而实现中华民族伟大复兴，既需要物质文明的极大发展，也需要精神文明的极大发展。① 早在革命战争年代，毛泽东同志就曾多次告诫全党，要建设民族的、科学的、大众的中华民族的新文化。在《新民主主义论》中，毛泽东同志指出："我们共产党人，多年以来，不但为中国的政治革命和经济革命而奋斗，而且为中国的文化革命而奋斗；一切这些的目的，在于建设一个中华民族的新社会和新国家。在这个新社会和新国家中，不但有新政治、新经济，而且有新文化。这就是说，我们不但要把一个政治上受压迫、经济上受剥削的中国，变为一个政治上自由和经济上繁荣的中国，而且要把一个被旧文化统治因而愚昧落后的中国，变为一个被新文化统治因而文明先进的中国。一句话，我们要建立一个新中国。建立中华民族的新文化，这就是我们在文化领域中的目的。"② 中华人民共和

---

① 习近平：《在中国文联十大、中国作协九大开幕式上的讲话》（2016年11月30日），人民出版社2016年版，第3页。
② 毛泽东：《新民主主义论》（1940年1月），《毛泽东选集》第2卷，人民出版社1991年版，第663页。

国成立前夕,毛泽东同志曾经预言:"随着经济建设的高潮的到来,不可避免地将要出现一个文化建设的高潮。中国人被人认为不文明的时代已经过去了,我们将以一个具有高度文化的民族出现于世界。"①

中国共产党历来十分重视文化建设和精神文明建设问题。在毛泽东同志和几代中国共产党人那里,关于国家建设的一贯思想是:我们要建设的社会主义国家,不但要有高度的物质文明,而且要有高度的精神文明。与历史上其他社会制度和社会形态相比,社会主义的优越性不仅要充分体现在经济政治上,体现在能够创造出高度的物质文明和制度文明上,而且要充分体现在思想文化上,体现在能够创造出高度的精神文明上。邓小平同志曾经指出:"随着经济的发展,如果不注意精神文明建设,就有很大危险。"② "不加强精神文明的建设,物质文明的建设也要受破坏,走弯路。光靠物质条件,我们的革命和建设都不可能胜利。"③ 他还反复强调,贫穷不是社会主义,精神生活空虚、社会风气败坏也不是社会主义。我们要在建设高度物质文明的同时,提高全民族

---

① 毛泽东:《中国人从此站立起来了》(1949年9月21日),《毛泽东文集》第5卷,人民出版社1996年版,第345页。

② 邓小平:《1982年4月7日会见缅甸共产党中央代表团时的谈话》,《邓小平年谱(1975—1997)》(下),中央文献出版社2004年版,第813—814页。

③ 邓小平:《在中国共产党全国代表会议上的讲话》(1985年9月23日),《邓小平文选》第3卷,人民出版社1993年版,第144页。

的科学文化水平，发展高尚的丰富多彩的文化生活，建设高度的社会主义精神文明。①

习近平总书记历来重视物质文明和精神文明建设的协调发展。早在福建宁德工作期间，他就曾明确提出，要正确认识脱贫致富和精神文明建设的关系，亦即物质文明建设与精神文明建设的关系。他认为："人类生活需求有两个方面，即物质生活需要和精神生活需要。人类为自身的生活需要从两个方面开展认识世界和改造世界的活动，即物质生产活动和精神生产活动。因此，追求物质文明和精神文明是社会进步的内在驱动力。"他强调："真正的社会主义不能仅仅理解为生产力的高度发展，还必须有高度发展的精神文明——一方面要让人民过上比较富足的生活，另一方面要提高人民的思想道德水平和科学文化水平，这才是真正意义上的脱贫致富。""脱贫致富的实践过程不但是我们改造客观世界、建设物质文明的过程，也是我们改造主观世界、建设精神文明的过程。"②

党的十八大以来，习近平总书记深刻总结中华人民共和国成立近70年特别是改革开放40年的经验教训，从实现中华民族伟大复兴中国梦的战略高度，系统阐述物质文明建设和精神文明建设及其相互关系问题。2013

---

① 邓小平：《在中国文学艺术工作者第四次代表大会上的祝词》（1979年10月30日），《邓小平文选》第2卷，人民出版社1994年版，第208页。

② 习近平：《建设好贫困地区的精神文明》（1989年12月），《摆脱贫困》，福建人民出版社1992年版，第53—58页。

年4月，习近平总书记在同全国劳动模范代表座谈时指出："实现我们的发展目标，不仅要在物质上强大起来，而且要在精神上强大起来。"① 2013年5月，在同各界优秀青年代表座谈时，习近平总书记强调："中国特色社会主义是物质文明和精神文明全面发展的社会主义。一个没有精神力量的民族难以自立自强，一项没有文化支撑的事业难以持续长久。"② 同年8月，习近平总书记在全国宣传思想工作会议上更加鲜明地指出："只有物质文明建设和精神文明建设都搞好，国家物质力量和精神力量都增强，全国各族人民物质生活和精神生活都改善，中国特色社会主义事业才能顺利向前推进。"③ 作为有着5000多年辉煌灿烂文明史的古国，人民对美好生活的向往，就不再仅仅是我们的先人所说的"仓廪实"和"衣食足"，更要"知礼节"和"知荣辱"。不仅要有物质生活水平的不断提高，而且要有思想道德境界的极大跃升。这正是我们今天依然秉持并丰富发展的"和谐社会"和"小康社会"理念的本意。

---

① 习近平：《实干才能梦想成真》（2013年4月28日），《习近平谈治国理政》，外文出版社2014年版，第46页。

② 习近平：《在实现中国梦的生动实践中放飞青春梦想》（2013年5月4日），《习近平谈治国理政》，外文出版社2014年版，第52页。

③ 习近平：《在全国宣传思想工作会议上的讲话》（2013年8月19日），《习近平关于全面建成小康社会论述摘编》，中央文献出版社2016年版，第103页。

▶▶ 建设新时代社会主义文化强国

实现中华民族伟大复兴的中国梦，是以习近平同志为核心的党中央治国理政的顶层设计，也是新时代中国特色社会主义的核心目标。中国人民正在为实现中华民族伟大复兴的中国梦而奋斗。正如习近平总书记指出的，实现中华民族伟大复兴的中国梦，就是要实现国家富强、民族振兴、人民幸福，既深深体现了今天中国人的理想，也深深反映了中国人自古以来不懈追求进步的光荣传统。建成文化强国是民族复兴的重要标志。中华民族伟大复兴决不能仅仅以经济指标的跨越为标志，而必须以文化强国为灵魂，只有实现文化与经济、政治、社会等的同步发展，才能真正实现繁荣强盛。实现中华民族伟大复兴的中国梦，不仅物质财富要极大丰富，精神财富也要极大丰富。2014年3月，在联合国教科文组织总部，习近平总书记发表演讲时再次强调："实现中国梦，是物质文明和精神文明均衡发展、相互促进的结果。没有文明的继承和发展，没有文化的弘扬和繁荣，就没有中国梦的实现。"[1] 中华民族的先人们早就向往人民物质生活充实无忧、道德境界充分升华的大同世界。中华文明历来把人的精神生活纳入人生和社会理想之中。所以，实现中国梦，是物质文明和精神文明比翼双飞的发展过程。只有物质文明和精神文明都搞好，才符合实现中华民族伟大复兴的本质要求。随着中国经济社

---

[1] 习近平：《在联合国教科文组织总部的演讲》（2014年3月27日），《出席第三届核安全峰会并访问欧洲四国和联合国教科文组织总部、欧盟总部时的演讲》，人民出版社2014年版，第16—17页。

会的不断发展，中华文明也必将在新时代焕发出更加蓬勃的生命力。

每一种文明都延续着一个国家和民族的精神血脉，既需要薪火相传、代代守护，更需要与时俱进、勇于创新。在联合国教科文组织总部，习近平总书记向世界明确宣示："中国人民在实现中国梦的进程中，将按照时代的新进步，推动中华文明创造性转化和创新性发展，激活其生命力，把跨越时空、超越国度、富有永恒魅力、具有当代价值的文化精神弘扬起来，让收藏在博物馆里的文物、陈列在广阔大地上的遗产、书写在古籍里的文字都活起来，让中华文明同世界各国人民创造的丰富多彩的文明一道，为人类提供正确的精神指引和强大的精神动力。"[1]

历史的经验告诉我们，一个民族的崛起或复兴，往往是以民族文化的复兴和民族精神的崛起为先导的。一个民族的衰落或覆灭，也往往以民族文化的颓废和民族精神的萎靡为先兆的。无论任何国家和民族，只有当文化显现出比物质和资本更强大的力量，才能实现更高水平、更快步伐的文明进步；一个国家、一个民族只有在经济发展中充分展现自身文化的品格和魅力，才能真正赢得其他国家和民族发自内心的认可和尊重。如果只有物质上的富裕或经济、军事上的强大，而没有繁荣发展的文化，或者在文化

---

[1] 习近平：《在联合国教科文组织总部的演讲》（2014年3月27日），《出席第三届核安全峰会并访问欧洲四国和联合国教科文组织总部、欧盟总部时的演讲》，人民出版社2014年版，第17页。

上出现堕落和倒退，那就如同一个财富可观却思想贫乏、毫无意趣的阔佬或土豪，是很难让人接受和亲近的，更没有什么魅力可言。

　　列宁曾经断言，在一个没有文化的国度里是建成不了共产主义的。毛泽东同志指出："文化是不可少的，任何社会没有文化就建设不起来。"[①] 一个国家或民族真正的进步，必定是物质财富和精神文化的共同进步，必定是经济、政治、文化、社会的协同发展。人类历史发展到今天，人们越来越深切地感到，GDP的增长和物质财富的增加，当然是一个国家崛起或一个民族复兴的重要条件，但并不是社会发展的唯一目标或终极目标。联合国教科文组织提出，要更加重视文化在社会变革中的作用；文化创造力是人类进步的源泉；未来世界的竞争将是文化或文化生产力的竞争，文化将成为21世纪最核心的话题之一。"发展最终应以文化概念来定义，文化的繁荣是发展的最高目标。"[②] 一个国家的崛起，一个民族的复兴，绝不仅仅是物质财富的增长，而且也应该是文化实力的强大和文化影响力的提升，其核心价值观应赢得本国人民及其他国家和民族的广泛认同。当今时代，文化越来越成为民族凝聚力和创造力的重要源泉，越来越成为综合国力竞争的重要因素，越来越成为经济社会发展的重要支撑，越来越成为人

---

　　① 毛泽东：《关于陕甘宁边区的文化教育问题》（1944年3月22日），《毛泽东文集》第3卷，人民出版社1996年版，第110页。

　　② 参见云杉《文化自觉　文化自信　文化自强》，《红旗文稿》2010年第15期。

民精神生活质量的重要指标。

经过40年的改革开放，特别是党的十八大以来5年的调整、发展、提高，我国日益走近世界舞台的中央，不断为人类作出更大的贡献。这是党的几代领导集体特别是以习近平同志为核心的党中央带领中国人民艰苦奋斗和开拓进取的结果，同时也是无可抵挡的世界历史发展的必然趋势。数十年来，有越来越多的国外政要和知名学者对中国崛起的必然性作出肯定性预言。曾经有人说，国家与国家及民族与民族之间，10年比的是经济，50年比的是制度，而100年比的是文化，因为文化才是一个国家或民族发展的内在动力。美国著名学者托夫勒在其《第三次浪潮》中断言：哪里有文化，哪里早晚就会出现经济繁荣，而哪里出现经济繁荣，文化就更快地向哪里转移。也就是说，当今时代，国家与国家之间的竞争，已从经济竞争转向文化竞争，从争夺物质资源转向争夺文化资源。早在20年前，时任美国卡特政府国家安全事务助理的布热津斯基就说过："中国可能不用太长的时间就会在全球事务中采取一种较为坚决而自信的姿态。"[1] 还有不少如布热津斯基这样的政府智囊和知名学者认为，用中华文化武装起来的中国领导人，有一套自己的战略思想，是理想的也是务实的，是敏锐的也是有耐性的，是坚强的也是善于应对与自我调整的，是讲原则的也是足够灵活的，是善于保护自身又具有足够内存容量的。中国领导人之所以能够如此，一个非

---

[1] 参见王蒙《文化自信的历史经验与责任》，《光明日报》2016年9月22日第11版。

常重要的原因就在于，他们依托的是博大精深的中华文化。今天，中国共产党人善于从世界发展大势和国家发展全局的战略高度把握文化发展的脉络和走向，更加注重从博大精深的中华优秀文化中汲取治国理政和理论创新的思想养料，更加坚定走中国特色社会主义文化发展道路的决心和信心，为全球治理提供更多的中国思维、中国智慧、中国方案，彰显出一个位居世界舞台中央的大国大党应有的历史担当。这也许是对数十年来关于中国及中国共产党诸多积极或消极预言的最好的回应。

第二节 文化自信的基本内涵和理论意义

作为以习近平同志为核心的党中央在理论创新进程特别是文化建设实践中提出的一个具有标识性的重要概念，"文化自信"有着其基本的内涵。而且，赋予文化自信与道路自信、理论自信、制度自信同等重要甚至更为重要的地位，对于坚持和发展新时代中国特色社会主义具有重大理论意义和现实意义。

一　文化自信的基本内涵

对任何一个国家和民族来说，其文化发展就是从文化自觉到文化自信再到文化自强的过程。也就是说，谈文化自信，不能不首先提及另外两个相关的概念，即文化自觉和文化自强。文化自觉、文化自信、文化自强是三个有着密切联系的概念范畴。文化自觉是指一个民族、国家或政党在文化上或文化价值上的觉悟和觉醒，是对文化在历史发展进步中重要地位和作用的深刻认识和深度认同，是对文化发展规律的积极探索和正确把握，是对文化赓续传承、发展进步、历史责任的主动担当，是对民族精神的自觉弘扬。文化自觉是一种内在的精神力量，是对文明进步的强烈向往和不懈追求，是推动文化繁荣发展的思想基础和先决条件。历史和现实表明，一个国家或民族的觉醒首先是文化上的觉醒，或者说是以文化上的觉醒为前提的；一个政党的力量，在很大程度上取决于文化自觉的程度。恩格斯说过："最初的、从动物界分离出来的人，在一切本质方面是和动物本身一样不自由的；但是文化上的每一个进步，都是迈向自由的一步。"① 可以说，是否具有高度的文化自觉，不仅关系到文化自身的振兴和繁荣，而且决定着一个国家、一个民族、一个政党的前途和命运。

著名社会学家费孝通先生是我国最早关注和提倡文化自觉的学者之一。在1997年北京大学举办的第一次社会学人类学高级研讨班上，费孝通先生提出，文化自觉的意义在于"生活在一定文化中的人，对其文化要有自知之明，明白它的来历、形成过程、所具有的特色和它的发展的趋向。自知之明是为了加强对文化转型的自主能力，取得适应新环境、新时代文化选择的自主地位"。他用十六个字概括文化自觉的过程："各美其美，美人之美，美美与共，天下大同。"费孝通先生还指出："我们中国人有责

---

① ［德］恩格斯：《反杜林论》，《马克思恩格斯选集》第3卷，人民出版社1995年版，第456页。

任用现代科学的方法来完成我们'文化自觉'的使命，继往开来地努力创造现代的中华文化，为全人类的明天做出贡献。"①

文化自觉是我们党的鲜明特征和显著优势。90多年曲折而辉煌的奋斗历程表明，中国共产党自成立之日起，就是一个具有高度文化自觉的政党，并因此成为新民主主义文化的引领者和实践者、中华优秀传统文化的传承者和弘扬者、中国社会主义先进文化的倡导者和发展者。正是因为有了高度的文化自觉，中国共产党才实现了马克思主义中国化的两次伟大历史性飞跃，形成了毛泽东思想和中国特色社会主义理论体系。正是有了高度的文化自觉，我们党才能够把握前进方向、凝聚奋斗力量，始终走在时代前列，保持着旺盛的生机与活力，团结带领各族人民走上伟大的民族复兴之路。无论是革命战争年代还是建设改革时期，每逢重要历史关头，我们党都紧密结合时代条件，从实现党的中心任务出发，高举起发展先进文化的旗帜，阐明自己的文化纲领和奋斗目标，提出切实有效的文化政策，在实现文化的历史进步中，有力地推动了党的事业顺利发展。②

当今时代的中国，面对新的形势、新的任务、新的使命，迫切需要进一步提升文化自觉，即实现对文化地位和

---

① 费孝通：《完成"文化自觉"使命，创造现代中华文化》，《论文化与文化自觉》，群言出版社2005年版，第256页。

② 参见云杉《文化自觉 文化自信 文化自强》，《红旗文稿》2010年第15—17期。

作用认识上的高度自觉,对文化发展和创新规律把握上的高度自觉,更加自觉地承担起传承和弘扬中华民族优秀传统文化的责任,更加自觉地承担起用社会主义先进文化引领社会进步的责任,更加自觉地承担起满足人民日益增长的美好生活需要特别是精神文化需求、保障人民基本文化权益的责任,更加自觉地承担起提高国家文化软实力、维护国家文化安全的责任。必须更加充分地认识到,文化既是推动社会发展的重要手段,又是社会文明进步的重要目标;文化既是凝聚人心的精神纽带,又是衡量幸福指数的重要尺度和判定生活质量高低的重要标志;文化既是经济增长的重要支撑和基础资源,又是提升经济发展质量的重要条件和关键所在。只有当文化表现出比物质和资本更强大力量的时候,当经济具有更多文化含量的时候,经济发展才能进入更高层次、更高水平,才能具有可持续发展的不竭动力和源泉。只有文化与经济相融合产生的竞争力,才能成为一个国家最根本、最持久、最难以替代的竞争优势。①

习近平总书记在中国文联十大、中国作协九大开幕式上的重要讲话中指出:"创作出具有鲜明民族特点和个性的优秀作品,要对博大精深的中华文化有深刻的理解,更要有高度的文化自信。广大文艺工作者要善于从中华文化宝库中萃取精华、汲取能量,保持对自身文化理想、文化价值的高度信心,保持对自身文化生命力、创造力的高度

---

① 参见云杉《文化自觉 文化自信 文化自强》,《红旗文稿》2010年第15—17期。

信心，使自己的作品成为激励中国人民和中华民族不断前行的精神力量。"①

在习近平总书记以上重要论述中，有两句话值得我们特别注意，这就是："保持对自身文化理想、文化价值的高度信心，保持对自身文化生命力、创造力的高度信心。"应该说，这两句话包含着有关文化自信的最重要的几个关键词，如"文化理想""文化价值""文化生命力""文化创造力""高度信心"等，实际上是对文化自信基本内涵作出的精辟的科学界定。

近年来，关于什么是文化自信，以及怎样做到文化自信，学术理论界从不同视角和维度作出了解读和阐释。我们认为，遵循上面所引证的习近平总书记的重要论述，可以概括地说：文化自信就是对自身文化理想、文化价值的高度信心，就是对自身文化生命力、文化创造力的高度信心。如果稍作展开，我们可以作出这样的界定：文化自信是指一个国家、一个民族、一个政党对自身文化理想、文化价值的高度信心，对自身文化生命力、文化创造力的坚定信念，对自身文化发展方向和发展道路的执着坚守，对在世界文化激荡交融中保持自身精神独立性的强大定力。历史和现实一再证明，只有对本民族优秀文化具有坚定信念和强大定力，才能最终获得推进文化繁荣发展的强大动力，鼓起奋发进取的巨大勇气，汇聚创新创造的不竭源泉。

---

① 习近平：《在中国文联十大、中国作协九大开幕式上的讲话》（2016年11月30日），人民出版社2016年版，第6页。

当今时代的中国，坚定文化自信，关键是不忘本来、吸收外来、着眼将来。既包括对绵延5000多年文明发展中孕育的中华优秀传统文化的自信，也包括对党和人民在革命、建设、改革伟大斗争中孕育的革命文化和社会主义先进文化的自信；更重要的是对于动员全民族力量不断丰富发展中华优秀传统文化、革命文化和社会主义先进文化，创造中华文化新辉煌、实现中华民族伟大复兴中国梦的自信。坚定文化自信，就是既要坚守自己的优秀文化，又要通过交流和交融，吸收包容借鉴外来优秀文化；既要正确对待自己的文化，又要正确对待别人的文化。如果说文化自觉是一种意识、责任和担当，文化自信就是一种信念、信心和定力。

文化自强是指一个国家、一个民族、一个政党对塑造和凝练自身核心价值观、繁荣发展自身文化事业和文化产业、增强自身文化创造力、凝聚力、竞争力、吸引力的积极努力，以及对建设文化强国、实现文化复兴理想的不懈追求和勠力践行。当今时代的中国，所谓文化自强，就是努力构建和践行社会主义核心价值观，增强中华文化的创造力、凝聚力、竞争力、影响力、感召力，推动社会主义文化的繁荣兴盛，建设社会主义文化强国，实现中华文化的伟大复兴，以崭新的文化面貌巍然屹立于世界民族之林。

一个国家和民族的觉醒，首先是文化上的觉醒；一个国家和民族的崛起，必然伴随着文化上的兴盛或复兴。只有文化自觉，才能文化自信；只有文化自信，才能文化自强。文化自觉、文化自信是实现文化自强的重要前提和基础保证，文化自强则是文化自觉和文化自信的最终目的和必然归宿。当然，文化自信不是空喊，不是挂在嘴边的一句口号。从根本上讲，只有真正实现了文化自强，成为文化强国，文化自信才真正具有扎实的根基和充足的底气。

二　坚定文化自信的理论意义

中华民族素有文化自信的气度，正是始终抱持对民族文化的自信心和自豪感，才在漫长的历史长河中保持自己、吸纳外来、面向未来，形成了独具特色、辉煌灿烂的中华文明，而且绵延5000多年从未中断。我们的文化自信来自中华民族5000多年的悠久文明历史，来自社会主义500年的价值追求，来自中国共产党90多年的不懈奋斗，来自中华人民共和国成立近70年、改革开放40年的伟大实践，来自对实现中华民族伟大复兴中国梦的美好期待。

习近平总书记之所以如此重视和强调文化自信，是有现实针对性的。其中一个非常重要的原因，就是还有不少人，包括一些党员领导干部，在文化上还不自信或不够自信，甚至自卑自弃。不仅对中华优秀传统文化不自信，而且对党和人民在革命、建设、改革伟大斗争中孕育的革命文化和社会主义先进文化也不自信。更为严重的是，缺乏文化自信造成一些党员干部理想信念动摇、党员意识淡化、宗旨观念不强。绝大多数党员领导干部的腐化变质，往往是以理想信念的缺失、对本民族文化缺乏自信为发源的，进而影响到自己的世界观、人生观、价值观，导致其工作作风、生活作风败坏，最终走上触犯党纪国法的道路。

数千年来，中华民族是一个有着无比文化自信的民族。中华文化独一无二的理念、智慧、气度、神韵，增添了中国人民和中华民族内心深处的自信和自豪。至少在16世纪以前，中国在经济社会发展方面一直走在世界各国的前列，是众所周知的经济强国和文化强国，为人类文明的发展和进步作出了卓越贡献。但是，近代以来，中华民族经历了刻骨铭心的惨痛历史，经历了从文化碰撞、文化冲突、文化迷茫到文化反省、文化自觉、文化自信的曲折道路。我们的文化自信发生动摇，受到贬损和伤害，导致一些人走向文化自卑、文化自弃，至少有两个时间段是具有典型意义的。

1840年，第一次鸦片战争爆发。在经济、政治、科技、文化等方面曾经远远落在中华帝国后面，但在科技革命和产业革命推动下实现赶超的西方列强，用坚船利炮打开了中国长期封闭着的大门，由此中国逐步沦为半殖民地半封建国家，陷入内忧外患的黑暗境地。在侵略者枪炮的掩护之下，伴随着掠夺者的强买强卖，西方文化大举进入中国，对绵延数千年的中华传统文化，对中国人的思维方式和价值观念造成巨大冲击。国人于文化羞辱、文化失落、文化焦虑和文化危机之中开始反思，为何泱泱天朝常常不齿的"蛮夷"或卑躬屈膝臣服于中华帝国的"蕞尔"，竟会如此强大而且远渡重洋到我们的土地上烧杀抢掠、无恶不作。林则徐、魏源、严复等中国的有识之士开始痛定思痛，重新认识西方，也重新认识自己，寻求摆脱国家和民族危难的出路。从"师夷长技以制夷"到"中体西用"，从洋务运动到新文化运动，在中国的土地上开始了一系列救亡图存的尝试。应当说，向"蛮夷"乃至"蕞尔"学习，向西方列强学习，为中华民族自强和复兴所必须。但是，国力的衰微和入侵者的强大，在很大程度上导致了国人文化上的自惭形秽。换句话说，与近代中国的衰落相伴随的，是国人文化自觉与文化自信的逐渐丧失。在追赶世界潮流的急行军中，有的国人为西方文化的肆意入侵而慨叹，感觉中华文化即将遭遇灭顶之灾；有的国人包括一些国学功底深厚的知识分子，则对自己的文化产生了怀疑，丧失了原本抱持的自信心，甚至提出中华民族要强大起来则要"全盘西化"的错误主张。

1978年，中国共产党在总结自己和他人过往经验教训的基础上，对已经发生重大变化的时代特征和世界大势作出了更加清醒的分析和更加准确的判断，对中国发展道路问题进行了更加深刻的回望与反思，毅然决然走上改革开放的道路，实现了党和国家的一次重大历史转折——应当说，这也是中华民族历史上的一次重大历史转折。改革开放初期，在综合国力特别是经济实力方面，在科技和教育水平方面，中国与西方的差距是如此悬殊，使国人在思想观念上受到较大震撼，一些人的文化自信心和判断力也受到相当大的影响。随着改革开放的不断深入和对外交往的日益增多，一些国外文化思潮特别是西方发达资本主义国家的文化思潮相继传入中国并产生较大影响。在学习借鉴西方先进经验的过程中，一些人对西方文化和理论盲目崇拜，"言必称希腊"，言必称西方，人云亦云甚至舍己芸人成为普遍现象或主要倾向。一些人脱离中国实际，不加分析和辨别地搬用西方理论体系、话语体系分析和解读中国问题，用西方价值体系强制阐释中国实践，用西方评价标准丈量中国发展。一些人在如何对待中华民族的历史、传统和文化问题上，打着自我反思、自我批判的旗号，热衷于自我怀疑、自我作践、自我颠覆、自我否定。一些人对如何传承和弘扬中华传统文化存在模糊认识和片面性，奉行文化复古主义，甚至主张用儒学取代马克思主义，儒化中国社会和中国共产党，等等。一些人否定和贬低革命文化和社会主义先进文化，消解红色经典，抹黑英雄人物，亵渎革命传统；一些人攻击当代中国制度文化，漠视中国非凡发展成就，否定中国文化的发展繁荣，言必称儒释道、言必称"民国"、言必称"改良"成为一种时髦。文化上的不自信，是对中国特色社会主义道路、理论、制度不自信或不够自信的深层原因。习近平总书记明确指出："如果我们用西方资本主义价值体系来剪裁我们的实践，用西方资本主义评价体系来衡量我国发展，符合西方标准就行，不符合西方标准就是落后的陈旧的，就要批判、攻击，那后果不堪设想！最后要么就是跟在人家后面亦步亦趋，要么就是只有挨骂的份。"[①] 欲信人者，必先自信。构建中国特色、中国风格、中国气派的理论体系和话语体系，用中国理论、中国话语、中国概念讲好中国故事、传播好中国声音、阐释好中国道路和中国经验，依然还有很长的路要走，还要付出更加艰苦的努力。

坚定文化自信，建设文化强国，是习近平总书记在中国特色社会主义进入新时代之际提出的一个新的重大课题，一项新的战略任务。它的提出是中国特色社会主义伟

[①] 习近平：《在全国党校工作会议上的讲话》（2015年12月11日），人民出版社2016年版，第9页。

大实践不断推进的必然结果，是中国特色社会主义理论体系不断发展的必然结果，是中国特色社会主义制度不断巩固和完善的必然结果，是我们党的文化理念不断升华的必然结果，是马克思主义中国化的最新成果。文化自信既是在社会实践中取得巨大进步的现实反映，也是实现中华民族伟大复兴的内在要求。文化自信的提出，深刻体现了中国特色社会主义新时代的最大凝聚力，是我国经济社会发展的需要，是党推进理论创新的需要，是创造人民美好生活的需要。

习近平总书记提出坚定文化自信，进一步拓展了党的十八大提出的中国特色社会主义"三个自信"的谱系，体现了我们党高度的文化自觉，彰显了我们党鲜明的文化立场，强化了中华民族的精神标识，为全体中华儿女奋力实现中华民族伟大复兴中国梦提供了巨大的精神力量。而且，它进一步凸显了中国特色社会主义的文化根基、文化本质和文化理想，把我们党对文化作用和文化发展规律的认识提升到一个新的境界。因此，必须从全局和战略高度，深刻认识坚定文化自信的重大意义，高举我们的文化旗帜、坚守我们的文化理想，以文化自信支撑道路自信、理论自信、制度自信。

三　坚定文化自信的底气和骨气

中华民族的文化生命力是如此强大，创造的文化成就是如此辉煌，中华民族素有文化自信的气度，我们应该为此感到无比自豪，也应该为此感到无比自信。习近平总书记指出："全党要坚定道路自信、理论自信、制度自信、文化自信。当今世界，要说哪个政党、哪个国家、哪个民族能够自信的话，那中国共产党、中华人民共和国、中华民族是最有理由自信的。有了'自信人生二百年，会当水击三千里'的勇气，我们就能毫无畏惧面对一切困难和挑战，就能坚定不移开辟新天地、创造新奇迹。"①

2012年11月15日，习近平总书记在会见中外记者时强调：在漫长的历史进程中，中国人民依靠自己的勤劳、勇敢、智慧，开创了民族和睦共处的美好家园，培育了历久弥新的优秀文化。应当说，我们坚定文化自信，是有充分根据和充足理由的，关键就在于我们深厚的文化根脉和独特的文化优势。"中华民族生生不息绵延发展、饱受挫折又不断浴火重生，都离不开中华文化的有力支撑。中华文化独一无二的理念、智慧、气度、神韵，增添了中国人民和中华民族内心深处的自信和自豪。在5000多年文明发展中孕育的中华优秀传统文化，在党和人民伟大斗争中孕育的革命文化和社会主义先进文化，积淀着中华民族最深沉的精神追求，代表着中华民族独特的精神标识。"② 中华优秀传统文化是革命文化和社会主义先进文化的根基和母体，革命文化和社会主义先进文化是对中华优秀传统文化的继承和发展，三者共同铸就了中华民族持久而强大的凝聚力向心力，滋养着当代中国的发展进步，是应当很好

---

① 习近平：《在庆祝中国共产党成立95周年大会上的讲话》（2016年7月1日），人民出版社2016年版，第12—13页。

② 习近平：《在中国文联十大、中国作协九大开幕式上的讲话》（2016年11月30日），人民出版社2016年版，第4—5页。

坚守的精神高地，而且构成当今时代中国共产党和中国人民坚定文化自信的深厚基础。因此，"要大力弘扬以爱国主义为核心的民族精神和以改革创新为核心的时代精神，大力弘扬中华优秀传统文化，大力发展社会主义先进文化，不断增强全党全国各族人民的精神力量"。

正是因为拥有博大精深的优秀传统文化、奋发向上的革命文化和承前启后、继往开来的社会主义先进文化，我们才有文化自信的充分理由，才有文化自信的底气和骨气。正如习近平总书记指出的："站立在960万平方公里的广袤土地上，吸吮着中华民族漫长奋斗积累的文化养分，拥有13亿中国人民聚合的磅礴之力，我们走自己的路，具有无比广阔的舞台，具有无比深厚的历史底蕴，具有无比强大的前进定力。中国人民应该有这个信心，每一个中国人都应该有这个信心。"①

第三节 文化自信的重要地位

对自己的文化是否自信以及自信的程度，决定着一个国家、一个民族、一个政党在风云激荡、思想交锋的当今世界具有多么强大的文化定力和多么持久的文化耐力。党的十八大指出，中国特色社会主义道路、理论体系和制度，三者统一于中国特色社会主义伟大实践，这是党领导人民在建设社会主义长期实践中形成的最鲜明特色，并首次提

---

① 习近平：《在纪念毛泽东同志诞辰120周年座谈会上的讲话》（2013年12月26日），人民出版社2013年版，第20—21页。

出全党要坚定中国特色社会主义的道路自信、理论自信、制度自信。也就是说，一直到党的十八大，党的正式文件中讲的都是三个自信。而提出文化自信并将其置于与道路自信、理论自信和制度自信同样重要甚至更加重要的地位，则是党的十八大以来习近平总书记基于对人类文明发展规律的科学把握，从历史与现实、国际与国内等多个视角，对文化问题特别是文化发展战略问题进行深入思考的重要思想成果，是我们党在新的历史条件下一个重大理论创新。

一 文化自信的彰显

从党的十八大到党的十九大，习近平总书记在多个场合反复强调和深刻阐述文化自信问题，从而确立了文化自信应有的重要地位，彰显出坚定文化自信的理论意义和实践意义。

2014年2月24日，在主持中央政治局第十三次集体学习时，习近平总书记指出："要讲清楚中华优秀传统文化的历史渊源、发展脉络、基本走向，讲清楚中华文化的独特创造、价值理念、鲜明特色，增强文化自信和价值观自信。"[①] 从理论逻辑上讲，文化自信包括价值观自信，而价值观自信则是文化自信的核心。从公开发表的文献看，这是在原来讲道路自信、理论自信、制度自信"三个自信"的基础上，习近平总书记首次正式提出增强文化自信问题。

2014年3月7日，在参加全国"两会"贵州团审议

---

① 习近平：《培育和弘扬社会主义核心价值观》（2014年2月24日），《习近平谈治国理政》，外文出版社2014年版，第164页。

时，习近平总书记指出，体现一个国家综合实力最核心的、最高层的，还是文化软实力，这事关一个民族精气神的凝聚。我们要坚持道路自信、理论自信、制度自信，最根本的还有一个文化自信。中华民族历来对自己的文化有着强烈的认同感和自豪感，只是到了近代中国沦为半殖民地半封建国家时，文化自信、国民自信受到极大损伤。中国人民在长期的革命斗争中，选择了中国共产党、选择了社会主义制度，走上了改革开放的正确道路，开创了建设中国特色社会主义的新的时期，正在为实现中华民族伟大复兴的中国梦而努力奋斗。只要把我们的优秀文化传承好，核心价值观建设好，就一定能把我们的国家建设成为社会主义强国。这里，习近平总书记不仅提出要坚持道路自信、理论自信、制度自信、文化自信，而且明确指出文化自信是最根本的自信，突出文化自信相对于其他三个自信的重要地位。

2014年10月15日，习近平总书记在文艺工作座谈会上的讲话中指出："中华优秀传统文化是中华民族的精神命脉，是涵养社会主义核心价值观的重要源泉，也是我们在世界文化激荡中站稳脚跟的坚实根基。增强文化自觉和文化自信，是坚定道路自信、理论自信、制度自信的题中应有之义。"① 习近平总书记还特别强调，如果"以洋为尊""以洋为美""唯洋是从"，跟在别人后面亦步亦趋、东施效颦，热衷于"去思想化""去价值化""去历史化"

---

① 习近平：《在文艺工作座谈会上的讲话》（2014年10月15日），人民出版社2015年版，第25页。

"去中国化""去主流化"那一套，绝对是没有前途的！因此，习近平总书记要求，必须"从建设社会主义文化强国的高度，增强文化自觉和文化自信"①。这里，习近平总书记不仅强调文化自信与道路自信、理论自信、制度自信之间四位一体的内在联系，而且点出了若干文化不自信的现象。此外，习近平总书记明确要求从建设社会主义文化强国的高度，增强文化自觉和文化自信，从而凸显出增强文化自觉和文化自信对于推进文化自强、建设社会主义文化强国的重要性。

2014年12月20日，习近平总书记和澳门大学学生座谈时指出，要建立制度自信、理论自信、道路自信还有文化自信，其中文化自信是基础。2015年11月3日，习近平总书记会见第二届"读懂中国"国际会议外方代表时强调："我们从哪里来？我们走向何方？中国到了今天，我无时无刻不提醒自己，要有这样一种历史感。伫立在天安门广场的人民英雄纪念碑有一组浮雕，表现的是1840年鸦片战争到1949年中国革命胜利的全景图。我们一方面缅怀先烈，一方面沿着先烈的足迹向前走。我们提出了中国梦，它的最大公约数就是中华民族伟大复兴。……中国有坚定的道路自信、理论自信、制度自信，其本质是建立在5000多年文明传承基础上的文化自信。"②

---

① 习近平：《在文艺工作座谈会上的讲话》（2014年10月15日），人民出版社2015年版，第28页。

② 参见陈振凯、雷龚鸣、何美桦整理《习近平谈文化自信》，《人民日报》（海外版）2016年7月13日第12版。

建设新时代社会主义文化强国

2016年5月17日,习近平总书记主持召开哲学社会科学工作座谈会并发表重要讲话。他在讲话中强调:"我们说要坚定中国特色社会主义道路自信、理论自信、制度自信,说到底是要坚定文化自信。文化自信是更基本、更深沉、更持久的力量。历史和现实都表明,一个抛弃了或者背叛了自己历史文化的民族,不仅不可能发展起来,而且很可能上演一场历史悲剧。"① 这里,习近平总书记用三个"更",即"更基本、更深沉、更持久的力量"来描述文化自信的重要性。

2016年6月28日,中央政治局进行第三十三次集体学习。在主持这次集体学习时,习近平总书记第一次将党的十八大以来他反复强调的文化自信与道路自信、理论自信、制度自信并列,明确要求"要固本培元,把加强思想政治建设摆在首位,引导党员特别是领导干部筑牢信仰之基、补足精神之钙、把稳思想之舵,坚定中国特色社会主义道路自信、理论自信、制度自信、文化自信,增强党的意识、党员意识、宗旨意识,坚守真理、坚守正道、坚守原则、坚守规矩,做到以信念、人格、实干立身"②。

两天后,2016年7月1日,在庆祝中国共产党成立95周年大会上,在对党和国家来说如此庄严而光荣的时刻,习近平总书记再次强调了坚定文化自信的问题。习近平总

---

① 习近平:《在哲学社会科学工作座谈会上的讲话》(2016年5月17日),人民出版社2016年版,第17页。
② 参见陈振凯、雷龚鸣、何美桦整理《习近平谈文化自信》,《人民日报》(海外版)2016年7月13日第12版。

书记在大会上发表的重要讲话，有两个关键词备受瞩目，一是"不忘初心"，二是"文化自信"。习近平总书记告诫全党："坚持不忘初心、继续前进，就要坚持中国特色社会主义道路自信、理论自信、制度自信、文化自信，坚持党的基本路线不动摇，不断把中国特色社会主义伟大事业推向前进。"①

尤其值得注意的是，习近平总书记在此次"七一"讲话中，用了另外三个"更"字，即"更基础""更广泛""更深厚"来突出文化自信在"四个自信"中的重要地位和作用。习近平总书记强调："文化自信，是更基础、更广泛、更深厚的自信。在5000多年文明发展中孕育的中华优秀传统文化，在党和人民伟大斗争中孕育的革命文化和社会主义先进文化，积淀着中华民族最深层的精神追求，代表着中华民族独特的精神标识。我们要弘扬社会主义核心价值观，弘扬以爱国主义为核心的民族精神和以改革创新为核心的时代精神，不断增强全党全国各族人民的精神力量。"②

从公开发布的信息看，这实际上是在一个半月的时间里，习近平总书记至少第三次论及和阐述文化自信问题，而且还把"四个自信"作为全党不忘初心、继续前进的根本遵循和重要基础，足以证明"文化自信"这四个字在他心中的分量。

---

① 习近平：《在庆祝中国共产党成立95周年大会上的讲话》（2016年7月1日），人民出版社2016年版，第12页。

② 同上书，第13页。

>> 建设新时代社会主义文化强国

2016年11月30日，在中国文联十大、中国作协九大开幕式上的重要讲话中，习近平总书记明确指出："实现中华民族伟大复兴，必须坚定中国特色社会主义道路自信、理论自信、制度自信、文化自信。创作出具有鲜明民族特点和个性的优秀作品，要对博大精深的中华文化有深刻的理解，更要有高度的文化自信。""文化是一个国家、一个民族的灵魂。历史和现实都表明，一个抛弃了或者背叛了自己历史文化的民族，不仅不可能发展起来，而且很可能上演一幕幕历史悲剧。"[①] 而且，习近平总书记特别强调："文化自信，是更基础、更广泛、更深厚的自信，是更基本、更深沉、更持久的力量。""坚定文化自信，是事关国运兴衰、事关文化安全、事关民族精神独立性的大问题。没有文化自信，不可能写出有骨气、有个性、有神采的作品。"[②]

从我们上面引证的文字可以看出，习近平总书记在中国文联十大、中国作协九大开幕式上的重要讲话，对党的十八大以来他关于文化自信的一系列重要论述作了全面概括和总结。尤其是总书记把原来分别提出的三个"更"集合在一起阐述，即文化自信是"更基础、更广泛、更深厚的自信"，是"更基本、更深沉、更持久的力量"，并且指出坚定文化自信是事关国运兴衰、事关文化安全、事关民族精神独立性的大问题。此外，他还就一个民族抛弃或背叛自己的历史文化可能导致历史悲剧上演再一次作出明确警示。

---

① 习近平：《在中国文联十大、中国作协九大开幕式上的讲话》（2016年11月30日），人民出版社2016年版，第6页。

② 同上。

习近平总书记在党的十九大报告中明确指出，"中国特色社会主义进入新时代，意味着近代以来久经磨难的中华民族迎来了从站起来、富起来到强起来的伟大飞跃，迎来了实现中华民族伟大复兴的光明前景；意味着科学社会主义在二十一世纪的中国焕发出强大生机活力，在世界上高高举起了中国特色社会主义伟大旗帜；意味着中国特色社会主义道路、理论、制度、文化不断发展，拓展了发展中国家走向现代化的途径，给世界上那些既希望加快发展又希望保持自身独立性的国家和民族提供了全新选择，为解决人类问题贡献了中国智慧和中国方案"。① 今天，我们比历史上任何时期都更接近、更有信心和能力实现中华民族伟大复兴的目标。②

习近平总书记在报告中强调，中国特色社会主义道路是实现社会主义现代化、创造人民美好生活的必由之路，中国特色社会主义理论体系是指导党和人民实现中华民族伟大复兴的正确理论，中国特色社会主义制度是当代中国发展进步的根本制度保障，中国特色社会主义文化是激励全党全国各族人民奋勇前进的强大精神力量。全党要更加自觉地增强道路自信、理论自信、制度自信、文化自信，既不走封闭僵化的老路，也不走改旗易帜的邪路，保持政治定力，坚持实干兴邦，始终坚持和发展

---

① 习近平：《决胜全面建成小康社会 夺取新时代中国特色社会主义伟大胜利——在中国共产党第十九次全国代表大会上的报告》（2017年10月18日），人民出版社2017年版，第10页。

② 同上书，第15页。

中国特色社会主义。① 习近平总书记还指出：新时代中国特色社会主义思想，明确中国特色社会主义事业总体布局是"四个全面"，强调坚定道路自信、理论自信、制度自信、文化自信。"文化自信是一个国家、一个民族发展中更基本、更深沉、更持久的力量。"② 必须坚持马克思主义，牢固树立共产主义远大理想和中国特色社会主义共同理想，培育和践行社会主义核心价值观，不断增强意识形态领域主导权和话语权，推动中华优秀传统文化创造性转化、创新性发展，继承革命文化，发展社会主义先进文化，不忘本来、吸收外来、面向未来，更好构筑中国精神、中国价值、中国力量，为人民提供精神指引。"没有高度的文化自信，没有文化的繁荣兴盛，就没有中华民族伟大复兴。要坚持中国特色社会主义文化发展道路，激发全民族文化创新创造活力，建设社会主义文化强国。"③

习近平总书记的重要论述，极大地拓展了道路自信、理论自信、制度自信、文化自信的广度和深度，彰显出文化自信在习近平新时代中国特色社会主义思想中的重要位置。

二 "四个自信"的内在联系

文化自信与道路自信、理论自信、制度自信是相互联

---

① 习近平：《决胜全面建成小康社会　夺取新时代中国特色社会主义伟大胜利——在中国共产党第十九次全国代表大会上的报告》（2017年10月18日），人民出版社2017年版，第16—17页。

② 同上书，第23页。

③ 同上书，第41页。

系不可分割的统一整体,共同构成支撑实现中华民族伟大复兴中国梦的强大精神力量。道路自信、理论自信、制度自信以文化自信为基础,或者说文化自信支撑着道路自信、理论自信、制度自信;理论自信引导文化自信、道路自信、制度自信,规定着文化自信的核心内涵和本质属性。中国特色社会主义道路是实现途径,理论体系是行动指南,制度是根本保障,文化是精神支撑,四者相互关联、相互渗透,成为中国特色社会主义的最鲜明特色。

第一,道路自信是理论自信、制度自信、文化自信的实践基础,为其他三个自信提供基本前提。道路自信有力地促进了理论自信、制度自信、文化自信,为它们的生成、丰富和发展提供了实践基础和基本前提。离开对道路的高度自信,理论自信、制度自信、文化自信就无从谈起,就会失去现实依据,因而根本不可能形成和发展。

第二,理论自信是道路自信、制度自信、文化自信的思想引领,能更加有效引导道路自信、制度自信、文化自信的正确方向,为道路自信、制度自信、文化自信提供思想基础,为道路自信的合理性、制度自信的规范性、文化自信的自觉性提供科学论证。离开对理论的高度自信,道路自信、制度自信、文化自信就会失去思想基础,就会迷失前进方向。

第三,制度自信是道路自信、理论自信、文化自信的具体展现,为道路自信、理论自信、文化自信提供有力的制度保障。制度问题更带有根本性、全局性、稳定性、长期性。没有制度自信,道路自信、理论自信、文化自信就缺少有效依托,就会失去可靠的保障。

第四,文化自信是道路自信、理论自信、制度自信的内在要求和精神支撑。文化自信是更基础、更广泛、更深厚的自信,是更基本、更深沉、更持久的力量。文化自信使道路自信更有动力、理论自信更有理性、制度自信更有保障,为道路自信提供扎根与发展的深厚土壤,为理论自信提供与时俱进的思想文化资源,为制度自信注入创新创造的活力。可以说,离开了文化自信,道路自信、理论自信、制度自信就会失去精神滋养,就没有生长的根基,更难以持久。

第二章

推动中国特色社会主义文化繁荣兴盛

在党的十九大报告中,"文化"一词出现达 79 次之多。而且,习近平总书记不仅在报告第三部分"新时代中国特色社会主义思想和基本方略"中对中国特色社会主义文化问题作出重要论述,而且在报告第七部分详细阐述了坚定文化自信、推动社会主义文化繁荣兴盛的重大战略任务。应当说,党的十九大确立的习近平新时代中国特色社会主义思想,赋予了中国特色社会主义文化新的丰富内涵,指明了中国特色社会主义文化的前进方向。准确把握中国特色社会主义文化的丰富内涵和前进方向,是坚持社会主义核心价值体系,坚定社会主义文化自信,推动社会主义文化繁荣兴盛,建设社会主义文化强国的重要前提。

第一节 中国特色社会主义文化的基本内涵

习近平总书记在党的十九大报告中明确指出:"中国特色社会主义文化,源自于中华民族五千多年文明历史所孕育的中华优秀传统文化，熔铸于党领导人民在革命、建设、改革中创造的革命文化和社会主义先进文化，植根于中国特色社会主义伟大实践。"① 这一重要论述，实际上就是对中国特色社会主义文化内涵的科学界定。也就是说，中华传统优秀文化、革命文化和社会主义先进文化共同构成新时代中国特色社会主义文化的基本内容。

一 博大精深的优秀传统文化

"只有坚持从历史走向未来，从延续民族文化血脉中开拓前进，我们才能做好今天的事业。"② 一个国家、一个民族，只有知道自己是谁，是从哪里来的，才能知道自己要到哪里去，才能找到自己前进的方向和目标。坚定文化自信，首先是正确地对待自己的文化，也就是对自己国家和民族的优秀文化传统抱持应有的礼敬和自豪，对自身文化生命力量和文化发展前景怀有坚定执着的信念。那种数典忘祖、蔑视传统、一味丑化民族文化的做法，是十分有害的。

从党的十八大到党的十九大，以习近平同志为核心的党中央，特别是习近平总书记本人，坚持"有鉴别对待、有扬弃继承、创造性转化、创新性发展"的基本方

---

① 习近平：《决胜全面建成小康社会 夺取新时代中国特色社会主义伟大胜利——在中国共产党第十九次全国代表大会上的报告》（2017年10月18日），人民出版社2017年版，第41页。

② 习近平：《在纪念孔子诞辰2565周年国际学术研讨会暨国际儒学联合会第五届会员大会开幕会上的讲话》（2014年9月24日），人民出版社2014年版，第14页。

针，把中华优秀传统文化精髓运用到经济建设、政治建设、文化建设、社会建设、生态文明建设以及党的建设、国际关系等治国理政的方方面面，赋予中华传统文化崭新的时代内涵，使党的创新理论深深扎根于中华优秀传统文化沃土之中。习近平总书记反复强调，中华优秀传统文化体现着中华民族世世代代在生产生活中形成和传承的世界观、人生观、价值观、审美观等，其中最核心的内容已经成为中华民族最基本的文化基因。中华优秀传统文化是中华民族的精神血脉，是实现中华民族伟大复兴中国梦的坚实支撑，是中国特色社会主义植根的文化沃土，是中国共产党治国理政的历史镜鉴，是涵养社会主义核心价值观的重要源泉。党的十八大以来的实践充分证明，绵延5000多年的中华优秀传统文化已经成为我们党治国理政的重要思想文化基础，成为我们党理论创新的重要思想文化来源。

二 昂扬向上的革命文化

在我们党领导人民进行新民主主义革命和社会主义革命的伟大斗争中，在社会主义建设初期的艰苦岁月里，形成了鲜明独特、昂扬向上的革命文化，诞生了一批批不朽的红色文化经典。从红船精神、井冈山精神、长征精神、延安精神、西柏坡精神、沂蒙精神，到雷锋精神、焦裕禄精神、大庆精神等，这些跨越时空的革命精神和奋斗精神，是中华优秀传统文化的再生再造和凝聚升华，是中华民族文化宝库的重要组成部分，不断放射出新的时代光芒，为我们在新的时代条件下推进文化建设奠定了坚实的基础。

早在1940年1月,毛泽东同志在陕甘宁边区文化协会第一次代表大会上发表演讲时就曾指出:"革命文化,对于人民大众,是革命的有力武器。革命文化,在革命前,是革命的思想准备;在革命中,是革命总战线中的一条必要和重要的战线。而革命的文化工作者,就是这个文化战线上的各级指挥员。"① 关于革命文化,邓小平同志曾经作出这样的概括:"在长期革命战争中,我们在正确的政治方向指导下,从分析实际情况出发,发扬革命和拼命精神,严守纪律和自我牺牲精神,大公无私和先人后己精神,压倒一切敌人、压倒一切困难的精神,坚持革命乐观主义、排除万难去争取胜利的精神,取得了伟大的胜利。搞社会主义建设,实现四个现代化,同样要在党中央的正确领导下,大大发扬这些精神。如果一个共产党员没有这些精神,就决不能算是一个合格的共产党员。不但如此,我们还要大声疾呼和以身作则地把这些精神推广到全体人民、全体青少年中间去,使之成为中华人民共和国的精神文明的主要支柱,为世界上一切要求革命、要求进步的人们所向往,也为世界上许多精神空虚、思想苦闷的人们所羡慕。"②

"红船精神"是革命文化的重要组成部分和源头活

---

① 毛泽东:《新民主主义论》(1940年1月),《毛泽东选集》第2卷,人民出版社1991年版,第708页。

② 邓小平:《贯彻调整方针,保证安定团结》(1980年12月25日),《邓小平文选》第2卷,人民出版社1994年版,第367—368页。

第二章　推动中国特色社会主义文化繁荣兴盛

水。2002年10月，习近平同志到浙江工作后，专程到嘉兴南湖瞻仰红船，接受革命精神教育。2005年6月21日，时任中共浙江省委书记的习近平在《光明日报》发表署名文章《弘扬"红船精神"，走在时代前列》，首次公开提出"红船精神"的概念，并对"红船精神"的基本内涵作了精辟概括，这就是"开天辟地、敢为人先的首创精神，坚定理想、百折不挠的奋斗精神，立党为公、忠诚为民的奉献精神"。"'红船精神'正是中国革命精神之源：中国共产党历史上形成的优良传统和革命精神，无不与之有着直接的渊源关系。中国共产党作为中国工人阶级和中华民族的先锋队，从这条红船扬帆起航，就始终代表着中国先进生产力的发展要求，代表着中国先进文化的前进方向，代表着最广大人民的根本利益，在推动中国历史前进中发挥着无可替代的领导核心作用。"上海党的一大会址和嘉兴南湖红船，是我们党梦想起航的地方，是我们党的根脉所在。2017年10月31日，党的十九大闭幕仅一周，习近平总书记就带领新一届中共中央政治局常委专程前往上海和浙江嘉兴，瞻仰中共一大会址和嘉兴红船，回顾建党历史，重温入党誓词，宣示新一届党中央领导集体的坚定政治信念。在嘉兴南湖，他特别重申了"红船精神"，再次指出，这是开天辟地、敢为人先的首创精神，坚定理想、百折不挠的奋斗精神，立党为公、忠诚为民的奉献精神，全党要结合时代特点大力弘扬"红船精神"。

"红船精神"反映的是中国共产党的建党精神，是中国共产党最核心的价值追求。"红船精神"的历史地位在于，它是中国革命精神之源，也是中国共产党的先进性之源，是中国共产党的思想武器、精神支撑和道德力量。它承载着中国共产党人的初心和使命，它所蕴含的首创精神、奋斗精神、奉献精神，是激励我们党顽强奋斗、不断发展壮大的精神动力，是我们党立党兴党、执政兴国的宝贵精神财富，也是新时代坚持和发展中国特色社会主义的坚强精神支撑。

长征这一人类历史上的伟大壮举，留给我们最宝贵的精神财富，就是中国共产党人和红军将士用生命和热血铸就的伟大长征精神。2016年10月21日，习近平总书记在纪念红军长征胜利80周年大会上指出："伟大长征精神，就是把全国人民和中华民族的根本利益看得高于一切，坚定革命的理想和信念，坚信正义事业必然胜利的精神；就是为了救国救民，不怕任何艰难险阻，不惜付出一切牺牲的精神；就是坚持独立自主、实事求是，一切从实际出发的精神；就是顾全大局、严守纪律、紧密团结的精神；就是紧紧依靠人民群众，同人民群众生死相依、患难与共、艰苦奋斗的精神。"[①] 习近平总书记强调："伟大长征精神，是中国共产党人及其领导的人民军队革命风范的生动反映，是中华民族自强不息的民族品格的集中展示，是以爱国主义为核心的民族精神的最高体现。"[②] 伟大长征精神，作为中国共产党人红色基因

[①] 习近平：《在纪念红军长征胜利80周年大会上的讲话》（2016年10月21日），人民出版社2016年版，第8—9页。

[②] 同上书，第9页。

和精神族谱的重要组成部分，已经深深融入中华民族的血脉和灵魂，成为社会主义核心价值观的丰富滋养，成为鼓舞和激励中国人民不断攻坚克难、从胜利走向胜利的强大精神动力。

革命文化植根于中华优秀传统文化，传承并弘扬了中华优秀传统文化，同时又是新时代中国特色社会主义文化的重要基因和直接来源。它是在中国共产党带领中国人民争取自由和解放历程中形成的、与中国文化和中国革命发展密切相关的特有的文化形态，具有坚定、彻底的革命精神和厚重、深沉的革命内涵，是当今时代中国共产党和中国人民坚定文化自信的重要支点。应当强调，革命文化是中国共产党的宝贵精神财富，是中华民族的宝贵精神财富，而且也是人类思想文化宝库中的壮美诗篇。消解红色经典、抹黑英雄人物、亵渎革命传统，其实是一种反文化行为。看不上当代中国制度文化、看不见中国非凡发展成就、看不到中国文化空前繁荣，其实是一种文化上不自信或者说自卑自弃的表现。

三　承前启后、继往开来的社会主义先进文化

习近平总书记指出，提高国家文化软实力，关系"两个一百年"奋斗目标和中华民族伟大复兴中国梦的实现。要弘扬社会主义先进文化，深化文化体制改革，推动社会主义文化大发展大繁荣，增强全民族文化创造活力，推动文化事业全面繁荣、文化产业快速发展，不断丰富人民精神世界、增强人民精神力量，不断增强文化整体实力和竞争力，朝着建设社会主义文化强国的目

>> 建设新时代社会主义文化强国

标不断前进。① 在坚持以经济建设为中心，抓好发展这个党执政兴国第一要务的同时，要协调推进政治建设、文化建设、社会建设、生态文明建设以及其他各方面建设，实现社会主义市场经济、社会主义民主政治、社会主义先进文化、社会主义和谐社会、社会主义生态文明全面进步，为经济发展提供更好的制度保障和环境条件。②

中华人民共和国成立近70年、改革开放40年，特别是党的十八大以来，在党领导人民进行社会主义建设的伟大实践中，社会主义先进文化建设不断推进和加强。社会主义先进文化是对中华民族优秀传统文化和红色革命文化的继承和发展，是新的时代条件下中国共产党和中华民族在文化上的伟大创造。共产主义远大理想和中国特色社会主义共同理想，以爱国主义为核心的伟大民族精神和以改革创新为核心的伟大时代精神，以及以富强、民主、文明、和谐，自由、平等、公正、法治，爱国、敬业、诚信、友善为基本内容的社会主义核心价值观，成为社会主义先进文化的有机构成。赢得世界普遍关注和广泛认可的中国道路、中国经验、中国智慧、中国方案，充分证明社会主义先进文化是一种有生命力的文化，是一种代表人类文明发展进步方向的文化。

中国共产党从成立之日起，既是中国先进文化的积极

---

① 习近平：《提高国家文化软实力》（2013年12月30日），《习近平谈治国理政》，外文出版社2014年版，第160页。

② 习近平：《在十八届中央政治局第三十次集体学习时的讲话》（2016年1月29日），《习近平关于全面建成小康社会论述摘编》，中央文献出版社2016年版，第208页。

引领者和践行者，又是中华优秀传统文化的忠实传承者和弘扬者。正是因为拥有博大精深的优秀传统文化、昂扬向上的革命文化和承前启后、继往开来的社会主义先进文化，我们才有文化自信的充分理由，才有文化自信的底气和骨气。

四　兼容并蓄、博采众长的宽广文化胸怀

任何一种文化都不可能与世隔绝，都需要学习借鉴其他文化的优秀成果，重视从其他文化中汲取养分，以不断丰富和发展自己。以什么样的态度对待外来文化，考验着一个国家的文化自信。越是自信，就越能够以积极的态度对待外来文化，越能够在同外来文化的互动交流中得到丰富发展。广泛吸纳、融汇一切外来优秀文化成果，是推动中华文化繁荣兴盛的必然要求。中华民族素有文化自信的气度。正是始终秉持对民族文化的自信心和自豪感，才在漫长的历史长河中保持自己、吸纳外来，形成了独具特色、辉煌灿烂的中华文明。[1] 在对待自身文化和外来文化的态度上，既要反对自卑自弃，也要反对自傲自大。

习近平总书记指出，我们不仅要了解中国的历史文化，还要睁眼看世界，了解世界上不同民族的历史文化，去其糟粕，取其精华，从中获得启发，为我所用。[2] 2014

---

[1] 云杉：《文化自觉　文化自信　文化自强》，《红旗文稿》2010年第15—17期。

[2] 习近平：《在中央党校建校80周年庆祝大会暨2013年春季学期开学典礼上的讲话》（2013年3月1日），《人民日报》2013年3月3日第2版。

年5月22日,习近平总书记在上海召开外国专家座谈会时强调,任何一个民族、任何一个国家都需要学习别的民族、别的国家的优秀文明成果。中国要永远做一个学习大国,不论发展到什么水平都虚心向世界各国人民学习,以更加开放包容的姿态,加强同世界各国的互容、互鉴、互通,不断把对外开放提高到新的水平。实际上,提高文化开放水平,在始终坚守中华文化立场,坚持以我为主、为我所用的原则下,吸纳世界各国文明之优长,采撷异域民族文化之精华,经过转化再造、创新创造,形成中华文化特有的品格和气质,本身就是一种坚定的文化自信,也是一种长远的文化发展战略。2014年9月24日,习近平总书记在孔子诞辰2565周年国际学术研讨会上再次强调:"各国各民族都应该虚心学习、积极借鉴别国别民族思想文化的长处和精华,这是增强本国本民族思想文化自尊、自信、自立的重要条件。"[①]

坚定文化自信,建设文化强国,传承和弘扬中华优秀传统文化,传承和弘扬革命文化、社会主义先进文化,并不意味着故步自封,闭上眼睛不看世界;不是要搞自我封闭,更不是要搞唯我独尊、"只此一家,别无分店"。只有兼纳百家之精华,融合各种文化之所长,才能更好地促进本国文化的发展;如果自我封闭、排斥外来,就会失去发展的活力,甚至走向消亡。中华文化生生不息、绵延不

[①] 习近平:《在纪念孔子诞辰2565周年国际学术研讨会暨国际儒学联合会第五届会员大会开幕会上的讲话》(2014年9月24日),人民出版社2014年版,第9页。

衰，固然是其内在本质和生命力决定的，但还有一个重要方面就在于，它有海纳百川、兼容并蓄、博采众长的文化胸怀。实际上，这就是中华文化特有的自信与气度。① 离开中国实践和中国经验简单模仿、照抄照搬不行，看不到他人的长处，坐井观天、闭门造车也不行。自我封闭、夜郎自大、自高自傲，而不是虚怀若谷、海纳百川，善于反思自己的不足，学习他人的长处，其实也是文化不自信的一种典型表现。

中华民族是一个兼容并蓄、海纳百川的民族，在漫长的历史进程中，不断学习他人的好东西，把他人的好东西转化成自己的东西，这才形成我们的民族特色。② 文明因交流而多彩，因互鉴而丰富。不同国家、民族的思想文化各有千秋，只有姹紫嫣红之别，而无高低优劣之分。每个国家、每个民族不分强弱、不分大小，其思想文化都应该得到承认和尊重。也就是说，我们要珍惜和维护自己的思想文化，也要承认和尊重别国别民族的思想文化。对待各国人民创造的优秀文化成果，包括西方资本主义国家的优秀文化成果，都应该采取学习借鉴的态度，都应该积极吸纳其中的有益成分。要坚持从本国本民族实际出发，继续以宽阔的胸怀，睁开眼睛看世界，坚持取长补短、择善而从，讲求兼收并蓄，在不断汲取

---

① 参见云杉《文化自觉　文化自信　文化自强》，《红旗文稿》2010年第15—17期。
② 习近平：《不断提高运用中国特色社会主义制度有效治理国家的能力》（2014年2月17日），《习近平谈治国理政》，外文出版社2014年版，第106页。

各种文明养分中丰富和发展中华文化。实际上，这也正是文化自信的重要标志，是对自身文化充满自信的别样表达。

第二节　中国特色社会主义文化繁荣兴盛的主要任务

习近平总书记强调指出："发展中国特色社会主义文化，就是以马克思主义为指导，坚守中华文化立场，立足当代中国现实，结合当今时代条件，发展面向现代化、面向世界、面向未来的，民族的科学的大众的社会主义文化，推动社会主义精神文明和物质文明协调发展。要坚持为人民服务、为社会主义服务，坚持百花齐放、百家争鸣，坚持创造性转化、创新性发展，不断铸就中华文化新辉煌。"[①]

一　牢牢掌握意识形态工作领导权

习近平总书记在党的十九大报告中从新时代坚持和发展中国特色社会主义出发，立足党和国家发展全局，明确提出牢牢掌握意识形态工作领导权这一重大战略任务，并就新时代意识形态工作作出部署。习近平总书记强调，"意识形态决定文化前进方向和发展道路。必须推进马克

[①] 习近平：《决胜全面建成小康社会　夺取新时代中国特色社会主义伟大胜利——在中国共产党第十九次全国代表大会上的报告》（2017年10月18日），人民出版社2017年版，第41页。

思主义中国化时代化大众化,建设具有强大凝聚力和引领力的社会主义意识形态,使全体人民在理想信念、价值理念、道德观念上紧紧团结在一起。要加强理论武装,推动新时代中国特色社会主义思想深入人心。深化马克思主义理论研究和建设,加快构建中国特色哲学社会科学,加强中国特色新型智库建设。坚持正确舆论导向,高度重视传播手段建设和创新,提高新闻舆论传播力、引导力、影响力、公信力。加强互联网内容建设,建立网络综合治理体系,营造清朗的网络空间。落实意识形态工作责任制,加强阵地建设和管理,注意区分政治原则问题、思想认识问题、学术观点问题,旗帜鲜明反对和抵制各种错误观点"。①

二 培育和践行社会主义核心价值观

培育和践行社会主义核心价值观,是以习近平同志为核心的党中央从新时代坚持和发展中国特色社会主义、实现中华民族伟大复兴中国梦出发,始终坚持的重大战略思想。习近平总书记指出:"社会主义核心价值观是当代中国精神的集中体现,凝结着全体人民共同的价值追求。要以培养担当民族复兴大任的时代新人为着眼点,强化教育引导、实践养成、制度保障,发挥社会主义核心价值观对国民教育、精神文明创建、精神文化产品创作生产传播的

---

① 习近平:《决胜全面建成小康社会 夺取新时代中国特色社会主义伟大胜利——在中国共产党第十九次全国代表大会上的报告》(2017年10月18日),人民出版社2017年版,第41—42页。

引领作用，把社会主义核心价值观融入社会发展各方面，转化为人们的情感认同和行为习惯。坚持全民行动、干部带头，从家庭做起，从娃娃抓起。深入挖掘中华优秀传统文化蕴含的思想观念、人文精神、道德规范，结合时代要求继承创新，让中华文化展现出永久魅力和时代风采。"①

三 加强思想道德建设

加强思想道德建设，是提高全社会文明程度的必然要求和重要途径。习近平总书记指出："人民有信仰，国家有力量，民族有希望。"② 为此，必须把思想道德建设摆在突出位置，正视和解决思想道德领域存在的突出问题，维护和巩固健康向上的思想道德主流。"要提高人民思想觉悟、道德水准、文明素养，提高全社会文明程度。广泛开展理想信念教育，深化中国特色社会主义和中国梦宣传教育，弘扬民族精神和时代精神，加强爱国主义、集体主义、社会主义教育，引导人们树立正确的历史观、民族观、国家观、文化观。深入实施公民道德建设工程，推进社会公德、职业道德、家庭美德、个人品德建设，激励人们向上向善、孝老爱亲，忠于祖国、忠于人民。加强和改进思想政治工作，深化群众性精神文明创建活动。弘扬科学精神，普及科学知识，开展移风易俗、弘

---

① 习近平：《决胜全面建成小康社会 夺取新时代中国特色社会主义伟大胜利——在中国共产党第十九次全国代表大会上的报告》（2017年10月18日），人民出版社2017年版，第42页。

② 同上。

扬时代新风行动，抵制腐朽落后文化侵蚀。推进诚信建设和志愿服务制度化，强化社会责任意识、规则意识、奉献意识。"①

四 繁荣发展社会主义文艺

文艺是时代前进的号角。感国运之变化、发时代之先声，繁荣发展社会主义文艺，着力推出更多无愧于时代、无愧于人民的优秀作品，是党对文艺工作者的基本要求。习近平总书记强调指出："社会主义文艺是人民的文艺，必须坚持以人民为中心的创作导向，在深入生活、扎根人民中进行无愧于时代的文艺创造。要繁荣文艺创作，坚持思想精深、艺术精湛、制作精良相统一，加强现实题材创作，不断推出讴歌党、讴歌祖国、讴歌人民、讴歌英雄的精品力作。发扬学术民主、艺术民主，提升文艺原创力，推动文艺创新。倡导讲品位、讲格调、讲责任，抵制低俗、庸俗、媚俗。加强文艺队伍建设，造就一大批德艺双馨名家大师，培育一大批高水平创作人才。"②

五 推动文化事业和文化产业发展

推动文化事业和文化产业蓬勃发展，为人民提供更加丰富的精神食粮，是摆在我们党面前的一项重要战略

---

① 习近平：《决胜全面建成小康社会 夺取新时代中国特色社会主义伟大胜利——在中国共产党第十九次全国代表大会上的报告》（2017年10月18日），人民出版社2017年版，第42—43页。
② 同上书，第43页。

任务，也是党的宗旨的基本要求。中国特色社会主义进入新时代，我国社会主要矛盾已经转化为人民日益增长的美好生活需要和不平衡不充分的发展之间的矛盾。人民日益增长的美好生活需要，将越来越多地表现为精神文化生活需求，越来越多地与精神文化相关。必须提供丰富的精神食粮，满足人民过上美好生活的新期待。习近平总书记明确指出："要深化文化体制改革，完善文化管理体制，加快构建把社会效益放在首位、社会效益和经济效益相统一的体制机制。完善公共文化服务体系，深入实施文化惠民工程，丰富群众性文化活动。加强文物保护利用和文化遗产保护传承。健全现代文化产业体系和市场体系，创新生产经营机制，完善文化经济政策，培育新型文化业态。……推进国际传播能力建设，讲好中国故事，展现真实、立体、全面的中国，提高国家文化软实力。"[①]

六　进一步坚定文化自信

"文化自信是一个国家、一个民族发展中更基本、更深沉、更持久的力量"[②]，是一个国家、一个民族、一个政党对自身文化价值的坚定信念，对自身文化生命力的执着坚守，对在世界文化激荡交融中保持精神独立性的强大定

---

① 习近平：《决胜全面建成小康社会　夺取新时代中国特色社会主义伟大胜利——在中国共产党第十九次全国代表大会上的报告》（2017年10月18日），人民出版社2017年版，第44页。

② 同上书，第23页。

力。只有对本民族优秀文化具有坚定信念和强大定力，才能最终获得推进文化发展的强大动力，鼓起奋发进取的巨大勇气，汇聚创新创造的不竭源泉。当今时代的中国，坚定文化自信，既包括对绵延5000多年中华优秀传统文化的自信，也包括对党领导人民在革命、建设、改革开放的伟大斗争中孕育的革命文化和社会主义先进文化的自信，更重要的是落脚于动员全民族力量不断丰富发展和创造中华文化新辉煌的自信。

七　推动中华优秀传统文化的当代化、现代化

我们党一贯重视学习优秀传统文化，一贯重视借鉴民族历史经验。中国共产党90多年奋斗的一个最基本的经验，就是把马克思主义与中国实际相结合。这个"实际"，既包括中国的具体国情，也包括中华优秀文化。正是在中华文化的沃土中，马克思主义和社会主义生根发芽并不断壮大。正是与中国历史文化的深度结合，马克思主义和社会主义才真正实现了中国化、民族化。

1940年1月，毛泽东同志在《新民主主义论》中强调："中国的长期封建社会中，创造了灿烂的古代文化。清理古代文化的发展过程，剔除其封建性的糟粕，吸收其民主性的精华，是发展民族新文化提高民族自信心的必要条件；但是决不能无批判地兼收并蓄。必须将古代封建统治阶级的一切腐朽的东西和古代优秀的人民文化即多少带有民主性和革命性的东西区别开来。中国现时的新政治新经济是从古代的旧政治旧经济发展而来的，中国现时的新文化也是从古代的旧文化发展而来，因此，

我们必须尊重自己的历史，决不能割断历史。但是这种尊重，是给历史以一定的科学的地位，是尊重历史的辩证法的发展，而不是颂古非今，不是赞扬任何封建的毒素。"①

1943年5月26日，毛泽东同志主持起草的《中共中央关于共产国际执委主席团提议解散共产国际的决定》指出："中国共产党人是中华民族最优秀的子孙。""中国共产党人是我们民族一切文化、思想、道德的最优秀传统的继承者，把这一切优秀传统看成和自己血肉相连的东西，而且将继续加以发扬光大。中国共产党近年来所进行的反主观主义、反宗派主义、反党八股的整风运动就是要使得马克思列宁主义这一革命科学更进一步地和中国革命实践、中国历史、中国文化深相结合起来。"② 在这里，马克思列宁主义与中国实际相结合被进一步细化为与中国革命实践、中国历史、中国文化相结合三个方面，中国历史和中国文化被明确纳入"中国实际"的范畴，具有重大而深远的历史意义和现实意义。

1944年7月，毛泽东同志在同英国记者斯坦因谈话时指出："没有中华民族，就没有中国共产党。""我们信奉马克思主义是正确的思想方法，这并不意味着我们忽视中国文化遗产和非马克思主义的外国思想的价值。""中国历

---

① 毛泽东：《新民主主义论》（1940年1月），《毛泽东选集》第2卷，人民出版社1991年版，第707—708页。

② 《中共中央关于共产国际执委主席团提议解散共产国际的决定》，《建党以来重要文献选编（1921—1949）》第二十册，中央文献出版社2011年版，第318页。

史遗留给我们的东西中有很多好东西，这是千真万确的。我们必须把这些遗产变成自己的东西。"① 毛泽东同志还有一段话，也是习近平总书记曾经引证过的："我们这个民族有数千年的历史，有它的特点，有它的许多珍贵品。对于这些，我们还是小学生。今天的中国是历史的中国的一个发展；我们是马克思主义的历史主义者，我们不应当割断历史。从孔夫子到孙中山，我们应当给以总结，承继这一份珍贵的遗产。"②

习近平总书记指出：怎样对待本国历史？怎样对待本国传统文化？这是任何国家在实现现代化过程中都必须解决好的问题。我们党在领导革命、建设、改革的进程中，一贯重视学习和总结历史，一贯重视借鉴和运用历史经验。我们不是历史虚无主义者，也不是文化虚无主义者，不能数典忘祖、妄自菲薄。中华传统文化源远流长、博大精深，中华民族形成和发展过程中产生的各种思想文化，记载了中华民族在长期奋斗中开展的精神活动、进行的理性思维、创造的文化成果，反映了中华民族的精神追求，其中最核心的内容已经成为中华民族最基本的文化基因。③

---

① 毛泽东：《同英国记者斯坦因的谈话》（1944年7月14日），《毛泽东文集》第3卷，人民出版社1996年版，第191页。
② 毛泽东：《中国共产党在民族战争中的地位》（1938年10月14日），《毛泽东选集》第2卷，人民出版社1991年版，第533—534页。
③ 习近平：《在十八届中央政治局第十八次集体学习时的讲话》，《人民日报》2014年10月14日第1版。

>> 建设新时代社会主义文化强国

2014年9月24日，习近平总书记在纪念孔子诞辰2565周年国际学术研讨会暨国际儒学联合会第五届会员大会开幕会上发表重要讲话指出："不忘历史才能开辟未来，善于继承才能善于创新。优秀传统文化是一个国家、一个民族传承和发展的根本，如果丢掉了，就割断了精神命脉。我们要善于把弘扬优秀传统文化和发展现实文化有机统一起来，紧密结合起来，在继承中发展，在发展中继承。"① "中国人民的理想和奋斗，中国人民的价值观和精神世界，是始终深深植根于中国优秀传统文化沃土之中的，同时又是随着历史和时代前进而不断与日俱新、与时俱进的。"② 习近平总书记重申："中国共产党人是马克思主义者，坚持马克思主义的科学学说，坚持和发展中国特色社会主义，但中国共产党人不是历史虚无主义者，也不是文化虚无主义者。我们从来认为，马克思主义基本原理必须同中国具体实际紧密结合起来，应该科学对待民族传统文化，科学对待世界各国文化，用人类创造的一切优秀思想文化成果武装自己。"③ 习近平总书记还强调："要加强对中华优秀传统文化的挖掘和阐发，使中华民族最基本的文化基因与当代文化相适应、与现代社会相协调，把跨越时空、超越国界、富有永恒魅力、具有当代价值的文化精神弘扬起来。要推动中华

---

① 习近平：《在纪念孔子诞辰2565周年国际学术研讨会暨国际儒学联合会第五届会员大会开幕会上的讲话》（2014年9月24日），人民出版社2014年版，第11页。

② 同上书，第13页。

③ 同上。

文明创造性转化、创新性发展，激活其生命力，让中华文明同各国人民创造的多彩文明一道，为人类提供正确精神指引。"①

当然，也必须清醒地认识到，中国传统思想文化在其形成和发展过程中，不可避免会受到当时人们的认识水平、时代条件、社会制度的局限性的制约和影响，因而也不可避免会存在陈旧过时或已成为糟粕性的东西。对待传统文化特别是先人传承下来的价值理念和道德规范，既不能片面地讲厚古薄今，也不能片面地讲厚今薄古，更不能采取全盘接受或者全盘抛弃的绝对主义态度。要坚持马克思主义的方法，采取马克思主义的态度，坚持古为今用、推陈出新，有鉴别地加以对待，有扬弃地予以继承，"择其善者而从之，其不善者而去之"。要站在新的时代背景下，以新的视角，对传统文化作进一步的研究、梳理和鉴别，告诉人们哪些是优秀的，优秀在哪里；哪些是糟粕，为什么是糟粕；哪些是核心理论观念，哪些是中华民族的传统美德。对存在合理内核又带有旧时代因素的内容，要取其精华、去其糟粕；对明显不符合当今时代要求的内容，要明确指出并加以抛弃。即使是精华的东西，也必须实现当代化和现代化的转换，努力用当代的语言、当代的思想、当代的表达方式，实现创造性转化和创新性发展，使之更容易为人们特别是年轻人吸收和借鉴，更持久、更广泛地传

---

① 习近平：《在哲学社会科学工作座谈会上的讲话》（2016年5月17日），人民出版社2016年版，第17页。

承和弘扬下去。

习近平总书记指出:"中华民族创造了源远流长的中华文化,中华民族也一定能够创造出中华文化新的辉煌。"① 只要我们立足中国特色社会主义实践,在人民群众的伟大创造中进行文化的创造,在历史的进步中实现文化的进步,就一定能够创造出无愧于历史、无愧于时代的灿烂文化。

八 重视党的实践经验和创新成果的系统化、理论化、学理化

理论自信是文化自信的先导。离开理论自信,文化自信就会迷失方向。以理论形态和思想形态表现我们党的指导思想,是文化自信的一个重要方面和标志。经过中华人民共和国成立近70年理论和实践的不懈探索,特别是40年的改革开放,我们走出了中国特色社会主义道路,构建了中国特色社会主义理论体系,确立了中国特色社会主义制度,向世界贡献了中国思想、中国理论、中国智慧、中国经验、中国方案。特别是党的十八大以来,习近平总书记在治国理政实践中,提出了许多富有创见的新思想、新观点、新论断,构成习近平新时代中国特色社会主义思想的主要内容,进一步丰富和发展了中国特色社会主义理论体系,进一步升华了我们党对人类历史发展规律、社会主

---

① 习近平:《把宣传思想工作做得更好》(2013年8月19日),《习近平谈治国理政》,外文出版社2014年版,第156页。

义建设规律、共产党执政规律的认识,把中国特色社会主义理论发展推向一个新的历史阶段,推动中国特色社会主义进入新时代。它们是马克思主义中国化的最新成果,是当代中国共产党人的指导思想,为马克思主义和科学社会主义理论宝库增添了新的内容。

为更好发挥理论对实践的指导作用,当前最迫切的理论任务,就是组织精干力量,对改革开放40年积累的丰富经验和我们党的创新成果,特别是习近平新时代中国特色社会主义思想,进行更加深入的研究、总结、概括和升华,使之更加系统化、理论化、学理化,凸显出其严密的理论逻辑和全新的理论形态。要写出像马克思恩格斯的《共产党宣言》、列宁的《帝国主义论》、毛泽东的《新民主主义论》《实践论》《矛盾论》《论十大关系》《关于正确处理人民内部矛盾》那样的当代中国马克思主义经典,对中国和世界面临的重大理论和现实问题作出理论分析,对当代中国共产党人的时代观、世界观、价值观作出深入阐发,使中国思想、中国理论更加体系化、学理化,在世界范围内产生更大的影响力。

九　推进外国优秀文化成果的中国化、本土化

毛泽东同志指出:"继承中国过去的思想和接受外来思想,并不意味着无条件地照搬,而必须根据具体条件加以采用,使之适合中国的实际。我们的态度是批判地接受我们自己的历史遗产和外国的思想。我们既反对盲目接受任何思想也反对盲目抵制任何思想。我们中国人必须用我们自己的头脑进行思考,并决定什么东西能在我们自己的

土壤里生长起来。"① 即使在70多年后的今天，毛泽东同志的这些思想也不仅是富有启发性的，而且也是具有很强的针对性和震撼力的。

面对新的形势和新的任务，我们要以更加开放的胸怀，继续学习和借鉴包括西方发达资本主义国家在内的人类社会创造的一切优秀文化成果。但是，我们不能数典忘祖，不能照抄照搬别国的发展模式，也绝不会接受任何外国颐指气使的说教。② 吸收借鉴外来文化，必须以我为主、为我所用，努力实现中国化、本土化。也就是说，要把优秀的外来文化同中华优秀传统文化结合起来，融入中华文化元素，打上中华文化烙印；要同中国的现实需要结合起来，使之有利于解决中国的实际问题。马克思主义有一个中国化、本土化的问题，西方优秀文化成果也有一个中国化、本土化的问题。习近平总书记曾指出，西方经济学中的数学方法、模型方法，我们不仅要用，而且要结合中国实际用好。即使是西方优秀的理论和文化成果，无论哲学、历史、文学，还是法学、社会学、政治学，也有一个中国化、本土化的问题，都不能绝对化，不能照抄照搬，而是必须立足中国实际，立足中国历史文化传统，立足中国经验和中国实践，进行转化和再造。如果离开中国实际，把我们的实践建立在西方理论和文化的基点上，那是绝对不

---

① 毛泽东：《同英国记者斯坦因的谈话》（1944年7月14日），《毛泽东文集》第3卷，人民出版社1996年版，第192页。

② 习近平：《在纪念毛泽东同志诞辰120周年座谈会上的讲话》（2013年12月26日），人民出版社2013年版，第22页。

会成功,也是绝对不会持续下去的。要制定具体的工作方案,指导各领域、各学科,根据中国优秀文化传统和当代中国实际,梳理、辨识外国文化,取其所长,避其所短,努力实现外国优秀文化成果的中国化、本土化。

十 善于主动设置议题,提出标识性概念

解读中国实践、构建中国理论,我们应该最有发言权。但实际情况是,在许多方面,包括在哲学社会科学领域,我们在国际上的声音还比较小,还处于有理说不出、说了传不开的境地。① 习近平总书记曾经指出:落后就要挨打,贫穷就要挨饿,失语就要挨骂。长期以来,我们党带领人民就是要不断解决"挨打""挨饿""挨骂"这三大问题。经过几代人不懈奋斗,前两个问题基本得到解决,但"挨骂"问题还没有得到根本解决。争取国际话语权是我们必须解决好的一个重大问题。② 2016年5月3日,美国《国家利益》杂志网站曾经刊登了一篇题为《中国最危险的敌人是全球舆论》的文章。从文章的标题似乎也不难看出,掌握国际话语权和全球舆论的引导权,对于中国来说是多么重要的一项任务。

掌握国际话语权,有效引领社会舆论走向,必须善于提炼标识性概念,打造易于为国际社会所理解和接受的新

---

① 习近平:《在哲学社会科学工作座谈会上的讲话》(2016年5月17日),人民出版社2016年版,第24页。
② 习近平:《在全国党校工作会议上的讲话》(2015年12月11日),人民出版社2016年版,第20页。

概念、新范畴、新表述，引导国际学术界展开研究和讨论，主导和引领国际舆论。还必须善于设置议题，让该热的热起来，该冷的冷下去，该说的说到位；要让我们设置的议题成为引导社会舆论的话题；高明的议题设置，往往都是时机、技巧、方法的最佳运用。改革开放40年，特别是进入21世纪以来，学术理论界围绕"文明冲突论""历史终结论"，围绕"新自由主义""民主社会主义""普世价值""宪政民主""公民社会"，围绕"中等收入陷阱""修昔底德陷阱""塔西佗陷阱"等议题辩来辩去，发表各自不同的看法。但是，这些议题基本上都不是我们自己提出来的，而是从西方传过来的，或者是从西方发端的。而且，在很多情况下，我们是跟在人家后面走，甚至被人牵着鼻子走，主导和引领争辩的不是我们，议题的设置权和话语权不掌握在我们手里，在回应、批评西方提出的议题时，我们往往处于被动局面。自己提出议题，吸引别人来跟我们对话和论辩，并且能够主导和引领国际范围的讨论，主导和引领国际舆论，这才是解决问题的根本之道。

　　没有标识性概念，号召不了人；没有标识性概念，理论就很难达到一定的高度。要善于设置议题，也要善于提出概念、形成标识。在党的历史上，像毛泽东同志的"实践论""矛盾论""新民主主义论"，像"实践标准""生产力标准""改革开放""社会主义初级阶段""社会主义市场经济""一个中心两个基本点""发展就是硬道理"，像"全面建成小康社会""协商民主"等，都是中国化马克思主义的标识性概念。我们党就是靠这些标识性概念，去集中体现毛泽东思想和中国特色社会主义理论体系的丰富内容，指导亿万人民的革命、建设、改革实践。党的十八大以来，像"一带一路""治国理政""供给侧结构性改革""人类命运共同体"这样的标识性概念不断出现。党的十九大报告中，关于中国特色社会主义进入新时代和我国社会主要矛盾的变化等重大判断，更是成为习近平新时代中国特色社会主义思想的标识性概念。但是，在我国学术理论界，一些人不理解、不懂得它们是具有标识性意义的概念。标识性概念可以很好地概括理论。对于这些标识性概念，不仅要从政治上去解读，更要从理论上深入阐述。否则，我们党的理论成果就很难得到进一步提炼，我们党的实践经验也很难得到系统全面总结。

在进行深入理论研究和认真总结实践经验基础上，我国各个学科领域都应当提出一些标识性概念，用以概括党的理论创新的最新成果，展现中国哲学社会科学和中国文化的中国特色、中国风格、中国气派。当前，要特别注重把党的十八大以来特别是党的十九大提出的一些新的议题和标识性概念提炼好、总结好、宣传好、阐释好，以统领我们的理论建设，提升我们的文化自强，从根本上解决文化自信问题。这既是掌握国际国内舆论斗争话语权和领导权的迫切需要，也是加快构建中国特色哲学社会科学的必然要求。

第三节　加快构建中国特色哲学社会科学

坚定社会主义文化自信，发展社会主义文化，建设社会主义文化强国，必须加快构建中国特色哲学社会科学。首先，哲学社会科学本身属于文化的范畴，是一个国家、一个民族文化的核心内容，是一个国家、一个民族综合国力特别是文化软实力的重要组成部分。哲学社会科学的发展水平和繁荣程度，折射着一个国家、一个民族文化发展的状况。坚定文化自信，当然包括坚定中国特色哲学社会科学自信。建设社会主义文化强国，当然包括建设哲学社会科学强国这一重要内容。其次，哲学社会科学在一个国家、一个民族树立、提升文化自信的过程中承担着重要职责。文化自信是构建中国特色哲学社会科学的有力支撑和底气所在，哲学社会科学则为文化自信提供思想基础和理论引领。

一 哲学社会科学的重要地位和作用

我们党始终高度重视哲学社会科学，始终高度重视哲学社会科学在党的理论创新、国家经济社会发展特别是文化建设中的重要地位和作用。2016年5月17日，习近平总书记主持召开哲学社会科学工作座谈会并发表重要讲话指出："哲学社会科学是人们认识世界、改造世界的重要工具，是推动历史发展和社会进步的重要力量，其发展水平反映了一个民族的思维能力、精神品格、文明素质，体现了一个国家的综合国力和国际竞争力。一个国家的发展水平，既取决于自然科学发展水平，也取决于哲学社会科学发展水平。一个没有发达的自然科学的国家不可能走在世界前列，一个没有繁荣的哲学社会科学的国家也不可能走在世界前列。坚持和发展中国特色社会主义，需要不断在实践和理论上进行探索、用发展着的理论指导发展着的实践。在这个过程中，哲学社会科学具有不可替代的重要地位，哲学社会科学工作者具有不可替代的重要作用。"①

习近平总书记强调，面对世界范围内各种思想文化交流交融交锋的新形势，如何加快建设社会主义文化强国、增强文化软实力、提高我国在国际上的话语权，迫切需要哲学社会科学更好地发挥作用。哲学社会科学的特色、风格、气派，是发展到一定阶段的产物，是成熟的标志，是实力的象征，也是自信的体现。要按照立足中国、借鉴国外，挖掘历史、把握当代，关怀人类、面向未来的思路，着力构建中国特色哲学社会科学，在指导思想、学科体系、学术体系、话语体系等方面充分体现中国特色、中国风格、中国气派。②

二 哲学社会科学面临的形势

与20世纪相比，与21世纪已经过去的十几年相比，当前各国综合国力竞争更趋激烈，文化日益成为综合国力竞争的关键内容与重要场域。中华人民共和国成立以来，特别是改革开放以来，中国综合国力不断增强，文化软实力得到不断提升，但总体而言，西强我弱的文化格局仍未根本改变，中国文化软实力与中国的综合国力和国际地位还很不相称，中国理论、中国话语在世界上的影响力还不够强。中国目前是一个文化大国，但还不是一个文化强国。

当前，中国正日益走近世界舞台的中央，已经成为全

---

① 习近平：《在哲学社会科学工作座谈会上的讲话》（2016年5月17日），人民出版社2016年版，第2页。

② 同上书，第7、15页。

球治理体系中举足轻重的力量,成为国际政治经济发展变化的风向标。但是,就哲学社会科学而言,我们在学术命题、学术思想、学术观点、学术标准、学术话语上的能力和水平,同我国综合国力和国际地位还不太相称。作为一个应该为人类社会发展提供更多中国抉择、中国智慧、中国经验、中国方案的社会主义大国,我们不仅要有位居世界前列的强大的经济实力,而且还要有巍然屹立于世界民族之林的强大的文化实力。不仅要坚持、丰富和发展习近平新时代中国特色社会主义思想,而且还要以中华文化为深厚积淀,以中国实践和中国经验为立足点,围绕中国和世界发展面临的重大问题,着力提出能够体现中国立场、中国智慧、中国价值的理念、主张、方案,努力创建中国学派、中国流派,建构起与中国的综合国力、国际地位和使命担当相称的当代中国的哲学、文学、艺术学、历史学、经济学、政治学、社会学、法学、国际关系学,建构起能够与国际学术理论界开展平等对话交流、充分发挥引领作用的中国特色哲学社会科学。既要用中国理论解决中国问题、解读中国实践,也要为解决人类面临的共同问题提供中国智慧、中国方案。正如习近平总书记指出的:"我们不仅要让世界知道'舌尖上的中国',还要让世界知道'学术中的中国'、'理论中的中国'、'哲学社会科学中的中国',让世界知道'发展中的中国'、'开放中的中国'、'为人类文明作贡献的中国'。"[①] 总之,在指导思

[①] 习近平:《在哲学社会科学工作座谈会上的讲话》(2016年5月17日),人民出版社2016年版,第17页。

想、学科体系、学术体系、话语体系等方面充分体现中国特色、中国风格、中国气派,努力把中国建设成为世界哲学社会科学的强国,是中国哲学社会科学界和思想理论界必须肩负的神圣历史使命,必须面对的重大时代课题。

三 构建中国特色哲学社会科学的主要任务

习近平总书记在哲学社会科学工作座谈会讲话中明确指出,"当代中国的伟大社会变革,不是简单延续我国历史文化的母版,不是简单套用马克思主义经典作家设想的模板,不是其他国家社会主义实践的再版,也不是国外现代化发展的翻版,不可能找到现成的教科书。我国哲学社会科学应该以我们正在做的事情为中心,从我国改革发展的实践中挖掘新材料、发现新问题、提出新观点、构建新理论,加强对改革开放和社会主义现代化建设实践经验的系统总结,加强对发展社会主义市场经济、民主政治、先进文化、和谐社会、生态文明以及党的执政能力建设等领域的分析研究,加强对党中央治国理政新理念新思想新战略的研究阐释,提炼出有学理性的新理论,概括出有规律性的新实践。这是构建中国特色哲学社会科学的着力点、着重点。一切刻舟求剑、照猫画虎、生搬硬套、依样画葫芦的做法都是无济于事的"①。

(一)着力推进学科体系建设。学科体系是哲学社会科学的重要平台。经过中华人民共和国成立近70年特别

---

① 习近平:《在哲学社会科学工作座谈会上的讲话》(2016年5月17日),人民出版社2016年版,第21—22页。

是改革开放 40 年的发展，我国哲学社会科学学科体系已基本确立。但是，在学科建设方面还存在学科设置同社会发展联系不够紧密，学科体系不够健全，新兴学科、交叉学科建设比较薄弱等问题。当前和今后一个时期，要遵循哲学社会科学发展规律，紧密联系新时代我国经济社会发展实际，在学科建设和学科体系创新上下更大的功夫。一是要加强马克思主义学科建设，根据党的十九大精神，着眼于推进马克思主义中国化、时代化、大众化，着眼于丰富和发展 21 世纪中国的马克思主义，调整、充实马克思主义学科发展规划，努力把马克思主义学科建设成为优势学科，发挥好对其他学科的支撑和引领作用。二是要加快完善对哲学社会科学具有支撑作用的学科，打造具有中国特色和普遍意义的学科体系。三是注重发展优势重点学科，牢牢占据学科建设的制高点。四是加快发展具有重要现实意义的新兴学科和交叉学科，使这些学科研究成为理论创新、话语创新的重要突破点。五是重视发展具有重要文化价值和传承意义的"绝学"、冷门学科，不断增强这些学科的研究力量。通过学科体系建设和创新，努力使基础学科健全扎实、重点学科优势突出、新兴学科和交叉学科创新发展、"绝学"和冷门学科代有传承、基础研究和应用研究相辅相成、学术研究和成果应用相互促进。

（二）着力推进学术体系建设。学术体系是哲学社会科学的内核所在。要坚持不忘本来、吸收外来、面向未来，扎根中国大地，突出时代特色，树立国际视野，善于融通古今中外各种资源，特别是要把握好马克思主义的资源、中华优秀传统文化的资源和国外哲学社会科学的资源，不断提高运用马克思主义特别是习近平新时代中国特色社会主义思想指导学术研究的能力。善于继承和弘扬中华优秀传统文化精华，注重中华优秀传统文化的当代化、现代化；批判借鉴国外哲学社会科学积极成果，注重国外哲学社会科学优秀成果的本土化、中国化；科学把握中国发展时代坐标，准确判断世界发展大势，不断推进知识创新、理论创新、方法创新。要以新时代中国特色社会主义实际为研究起点，善于从党领导人民进行的我国改革发展的伟大实践中发现问题、筛选问题、研究问题、解决问题，提出新观点，构建新理论，进一步提升学术原创能力和水平，推动学术理论中国化，构建具有中国特色、体现时代精神的哲学社会科学学术体系。要坚持正确的政治方向和学术导向，注重科研成果的学术质量、社会影响和实际效果，进一步完善学术评价体系和学术评价标准，牢牢掌握和不断增强中国在哲学社会科学学术评价上的话语权。

（三）着力推进话语体系建设。话语体系是哲学社会科学的重要表现形式。要大力加强马克思主义在中国哲学社会科学领域的话语权建设，既要继承马克思主义已被实践和历史检验的话语；又要结合新时代中国实际，不断创造马克思主义的新鲜话语，丰富发展创新马克思主义话语体系。要着力推动党的理论创新成果的学理化，深化党的理论创新成果的学理阐释，将党的理论创新成果的核心思想、关键话语体现到各学科领域。要立足中国实践，深入解读中国道路、中国理论、中国制度、中国经验，不断概括出新概念、新范畴、新术语，打造具有中国特色、中国风格、中国气派的学术话语体系。要始终坚持大众化方向，善于用群众听得懂的语言讲群众听得进去的理论学术观点。要大力实施中国学术"走出去"战略，围绕中国和世界发展面临的重大问题，着力提出能够体现中国立场、中国智慧、中国价值的理念、主张、方案，不断增强中国哲学社会科学国际影响力。

（四）着力培养学术大家、理论大家、文化大家。一个时代的思想文化大厦，必然要有一批大师和大家来支撑；一个民族的灿烂文化，必然要有一批泰斗和巨匠来代表；一个国家文化的繁荣兴盛，必然要有一批领军人物来领衔。要实现建设文化强国的宏伟蓝图，必须努力造就一批有影响力的文化名家、文化大师和各领域领军人物，培养一支宏大的、适应时代要求、富有开拓精神、善于创新创造的文化人才队伍。在中国特色社会主义进入新时代的条件下，面对新的历史任务，我们党要着力培养一大批政治素质过硬、理论功底深厚、实践经验丰富的学术大家、理论大家、文化大家，一大批能够代表党的理论形象、为党和人民立言代言的哲学家、经济学家、文艺家、历史学家、社会学家、政治学家、法学家等，使之成为党的理论建设和理论创新及中国特色社会主义事业的重要依靠力量。

（五）着力推动中国学术文化走出去。学术文化作为中国文化的主体，在坚定文化自信、建设文化强国中居于非常重要的位置。能够对国外精英阶层、决策机构、智库、政党、政府产生直接影响的是学术文化，对国外普通群众能够产生深远影响的也是学术文化。推动中国学术文化走出去，实际上也就是推动中国哲学社会科学走出去。

这既是扩大中国文化影响力的需要，也是为了吸收借鉴其他国家和民族的优秀文化成果。

要按照习近平总书记在哲学社会科学工作座谈会上提出的明确要求，组织整合全国力量，鼓励哲学社会科学机构参与和设立国际性学术组织，支持和鼓励建立海外中国学术研究中心，支持国外学会、基金会研究中国问题，加强国内外智库交流，推动海外中国学研究。要聚焦国际社会共同关注的问题，推出并牵头组织研究项目，增强中国哲学社会科学研究的国际影响力。要加强优秀外文学术网站和学术期刊建设，扶持面向国外推介高水平研究成果。积极支持中国学者参加国际学术会议、发表学术文章。

第三章

用社会主义核心价值观凝魂聚力

党的十八大从坚持和发展中国特色社会主义的高度，提出培育和践行社会主义核心价值观的战略任务。党的十九大再次强调，要培育和践行社会主义核心价值观。"社会主义核心价值观是当代中国精神的集中体现，凝结着全体人民共同的价值追求。要以培养担当民族复兴大任的时代新人为着眼点，强化教育引导、实践养成、制度保障，发挥社会主义核心价值观对国民教育、精神文明创建、精神文化产品创作生产传播的引领作用，把社会主义核心价值观融入社会发展各方面，转化为人们的情感认同和行为习惯。"① 社会主义核心价值观是社会主义核心价值体系的内核，体现社会主义核心价值体系的根本性质和基本特征，反映社会主义核心价值体系的丰富内涵和实践要求，是社会主义核心价值体系的高度凝练和集中表达。

---

① 习近平：《决胜全面建成小康社会 夺取新时代中国特色社会主义伟大胜利——在中国共产党第十九次全国代表大会上的报告》（2017年10月18日），人民出版社2017年版，第42页。

把培育和践行社会主义核心价值观作为一项战略任务提出，既体现了习近平总书记对价值观在当今世界中特殊意义的深刻认识，也反映了习近平总书记对当下中国社会现实的客观判断。它是习近平新时代中国特色社会主义思想的重要组成部分，指引着全国各族人民在建设中国特色的社会主义道路上凝魂聚力，为实现中华民族的伟大复兴共同奋斗。

第一节　社会主义核心价值观关乎国家前途命运、关乎人民幸福安康

当前，世界范围内的文化交流交融交锋日趋频繁，国内社会主义市场经济条件下的思想意识呈现多元多样多变的特点。这就促使我们深入思考，在当代中国，我们的民族、我们的国家需要坚守什么样的核心价值观。这不仅是理论问题，更是实践问题。习近平总书记指出，"经过反复征求意见，综合各方面认识，我们提出要倡导富强、民主、文明、和谐，倡导自由、平等、公正、法治，倡导爱国、敬业、诚信、友善，积极培育和践行社会主义核心价值观。富强、民主、文明、和谐是国家层面的价值要求，自由、平等、公正、法治是社会层面的价值要求，爱国、敬业、诚信、友善是公民层面的价值要求"[①]。社会主义核心价值观的提出，回答了"当代中国需要坚守什么样的价值观"

---

① 习近平：《青年要自觉践行社会主义核心价值观——在北京大学师生座谈会上的讲话》（2014年5月4日），人民出版社2014年版，第4—5页。

的重大时代问题,同时回答了我们要建设什么样的国家、建设什么样的社会、培育什么样的公民的重大问题。社会主义核心价值观的提出,旨在"确立反映全国各族人民共同认同的价值观'最大公约数',使全体人民同心同德、团结奋进,关乎国家前途命运,关乎人民幸福安康"[①]。

一 社会主义核心价值观关乎国家前途命运

价值观是时代的产物,是文化的核心。习近平总书记指出:"每个时代都有每个时代的精神,每个时代都有每个时代的价值观念。"[②] 社会主义核心价值观体现了中国特色社会主义的本质规定。社会主义核心价值观是中国共产党人和中国人民在继承优秀传统文化,借鉴人类文明优秀成果,特别是在革命、建设、改革中逐步形成和发展起来的价值观念和价值追求,反映了社会主义制度的本质属性和价值取向。

当前,我们面对着世界范围思想文化交流交融交锋形势下价值观较量的新态势,面对改革开放和发展社会主义市场经济条件下思想意识多元多样多变的新特点,积极培育和践行社会主义核心价值观,对于巩固马克思主义在意识形态领域的指导地位、巩固全党全国人民团结奋斗的共同思想基础,对于促进人的全面发展、引领社会全面进步,

---

① 习近平:《青年要自觉践行社会主义核心价值观——在北京大学师生座谈会上的讲话》(2014年5月4日),人民出版社2014年版,第4页。

② 同上。

对于集聚全面建成小康社会、实现中华民族伟大复兴中国梦的强大正能量，具有重要现实意义和深远历史意义。

人类社会发展的历史表明，对一个民族、一个国家来说，最持久、最深层的力量是全社会共同认可的核心价值观。核心价值观，承载着一个民族、一个国家的精神追求，体现着一个社会评判是非曲直的价值标准。中华民族有着5000多年悠久的文明历史，经历了5000多年的沧桑巨变，世世代代的中国人正是依靠核心价值观的凝聚力量，才使得古老的中华文明延续至今，才使得中华民族始终屹立于世界民族之林，才使得今日之中国走上伟大的复兴之路。

习近平总书记指出："古人说：'大学之道，在明明德，在亲民，在止于至善。'核心价值观，其实就是一种德，既是个人的德，也是一种大德，就是国家的德、社会的德。国无德不兴，人无德不立。如果一个民族、一个国家没有共同的核心价值观，莫衷一是，行无依归，那这个民族、这个国家就无法前进。这样的情形，在我国历史上，在当今世界上，都屡见不鲜。"[①] 核心价值观体现了一个国家或民族评判是非曲直的价值标准，反映了这个国家或民族的价值取向和价值诉求，推动着这个国家或民族不断向前发展。如果没有核心价值观，一个国家、一个民族就会丧失评判是非曲直的价值标准，丧失自己的价值取向和价值诉求，也会丧失推动其社会发展的最持久、最深层

---

① 习近平：《青年要自觉践行社会主义核心价值观——在北京大学师生座谈会上的讲话》（2014年5月4日），人民出版社2014年版，第4页。

的力量，这个国家或民族就可能面临亡国灭种的危机。正是在这个意义上来说，确立社会主义核心价值观，关乎国家的前途命运。

价值观是文化的核心，文化在通常意义上都包含着某个社会群体普遍持有的价值观、价值取向、理想信念和价值判断等。进入21世纪以来，人类日益关注文化（或价值观）在社会发展和进步方面的重要作用。

历史唯物主义认为，先进的价值观对社会和个人都有积极的导向作用。价值观通常会与体制、地理和群体心理等多种要素共同发挥作用。先进的价值观会促进经济发展，落后的价值观则会阻碍经济发展。这类例子并不鲜见。20世纪50—60年代，部分发展中国家的经济发展水平较为接近，在不同的价值观引导之下，有些国家迅速摆脱了贫穷落后的发展状况，但有些国家则未能充分唤醒经济发展的活力，经济发展仍处于较低水平。

苏联解体以后，"冷战"时期两个世界性大国或大国集团相互对立的局势也宣告完结。人类需要重新面临世界秩序重建的问题。习近平总书记指出："世界潮流，浩浩荡荡，顺之则昌，逆之则亡。要跟上时代前进步伐，就不能身体已进入21世纪，而脑袋还停留在过去，停留在殖民扩张的旧时代里，停留在冷战思维、零和博弈老框架内。"[①] 确立符合时代要求的价值观，才能顺应历史发展的客观规律，为构建更加和谐公正的世界秩序贡献自己的力量。

---

① 习近平：《顺应时代前进潮流，促进世界和平发展》（2013年3月23日），《习近平谈治国理政》，外文出版社2014年版，第273页。

第三章　用社会主义核心价值观凝魂聚力

　　价值观是人类在认识、改造自然和社会的过程中产生和发挥作用的。不同民族、不同国家由于其自然条件和发展历程不同，产生和形成的核心价值观也各有特点。一个民族、一个国家的核心价值观必须同这个民族、这个国家的历史文化相契合，同这个民族、这个国家需要解决的时代问题相适应。习近平总书记指出，"中华文明绵延数千年，有其独特的价值体系。中华优秀传统文化已经成为中华民族的基因，植根在中国人内心，潜移默化影响着中国人的思想方式和行为方式。今天，我们提倡和弘扬社会主义核心价值观，必须从中汲取丰富营养，否则就不会有生命力和影响力"①。社会主义核心价值观的提出，借鉴了其他文明的优秀成果。习近平总书记指出："文明因交流而多彩，文明因互鉴而丰富。文明交流互鉴，是推动人类文明进步和世界和平发展的重要动力。"②

　　总之，社会主义核心价值观是中国共产党领导全国人民继承优秀传统文化，借鉴人类文明优秀成果，特别是在革命、建设、改革中逐渐形成和发展起来的价值观念，凝聚全党全社会的价值共识，体现了中国特色社会主义价值观念，代表了中国先进文化的前进方向，具有关乎国家前

---

　　① 习近平：《青年要自觉践行社会主义核心价值观——在北京大学师生座谈会上的讲话》（2014年5月4日），人民出版社2014年版，第7页。

　　② 习近平：《在联合国教科文组织总部的演讲》（2014年3月27日），《出席第三届核安全峰会并访问欧洲四国和联合国教科文组织总部、欧盟总部时的演讲》，人民出版社2014年版，第10页。

途命运的重大意义。

二 社会主义核心价值观关乎人民幸福安康

国家的前途命运与人民的幸福安康是内在统一、互为前提的。只有国家实现繁荣昌盛，人民才会过上幸福安康的生活；只有人民能够享受幸福安康的生活，国家才能稳定、经济才能发展、社会才能进步。今天，以习近平同志为核心的党中央深刻地认识到了价值观与社会进步之间的密切关系，明确提出培育和践行社会主义核心价值观是推进中国特色社会主义伟大事业、实现中华民族伟大复兴中国梦的战略任务。在宏观层面上，确立社会主义核心价值观关乎国家的前途命运；在具体层面上，确立社会主义核心价值观也关乎人民的幸福安康。

任何一个社会都存在多种多样的价值观念和价值取向。改革开放之初，人们就开始关注价值观问题。到20世纪80年代后期，人们已经比较普遍地讨论价值观问题了。时至今日，中国的改革开放已经进行了40年，我们面临更加多样化的社会思潮、更加多样化的价值判断、更加多样化的利益诉求。为了实现中华民族的伟大复兴，我们尤其需要精神旗帜、思想引领、文化导向，需要凝聚社会共识的最大公约数，以期团结一致，共同应对前进道路上遇到的各种困难和挑战。

社会主义核心价值观的提出有利于消除社会在价值观层面的分化。现代社会最为显著的特征就是分化。社会分化的背后隐藏的是价值观的分化。价值多元化乃至价值冲突已成为现代社会所面临的主要问题之一。借用马克斯·

韦伯的话来说，我们处于一个祛魅之后诸神不和的时代。当代中国正处于思想观念大碰撞、文化价值大交融的时代。特别是随着改革开放的不断深入和市场经济的持续发展，在价值观领域出现了诸如价值观的相对化、庸俗化、物欲化和虚无化等问题。

市场经济是一把双刃剑。它既可以为人们带来种种经济便利和物质享受，也可能造成社会阶层的分化和贫富差距的扩大。财富分配不均可能在一些领域或某些地区造成价值分化的进一步扩大。在巨大利益差异和财富差异面前，人们较难形成共同的价值认同。反之，这种价值观的分化乃至混乱，又势必会影响社会主义市场经济体系的完善，妨碍社会主义市场经济伦理的建构，从而进一步加剧价值观的分化。因此，社会主义核心价值观正是在多元社会的大背景下，针对价值认同的分化、混乱、冲突乃至缺失提出来的。社会主义核心价值观的提出旨在重塑价值共识，为构建和谐社会奠定坚实的基础。

社会主义核心价值观的提出有利于"四个全面"战略布局的实施。2014年12月，习近平总书记在江苏调研时首次明确提出"四个全面"战略布局。2015年2月，"四个全面"被正式定位为党中央的战略布局。从本质上来说，这是首次将"全面建成小康社会"定位为"实现中华民族伟大复兴中国梦的关键一步"；首次将"全面深化改革"目标确定为"完善和发展社会主义制度、推动国家治理能力和治理水平的现代化"；首次将"全面依法治国"论述为全面深化改革的姊妹篇，形成"鸟之两翼""车之双轮";首次制定了"全面从严治党"的路径,要求"增强从严治党的系统性、预见性、创造性、实效性"。

"四个全面"战略布局是以习近平同志为核心的党中央在新形势下提出的治国理政总方略。这四个方面是相辅相成的,是马克思主义与中国实践相结合的又一次历史新飞跃。一方面,社会主义核心价值观彰显了"四个全面"战略布局的价值追求,为培育和践行社会主义核心价值观提供了实践的平台和基础;另一方面,社会主义核心价值观又是"四个全面"战略布局的精神统领和思想支撑。为实现最广泛的大团结、大联合提供最广泛强大持久的力量支持。为了协调推进"四个全面"战略布局,需要充分发挥社会主义核心价值观凝魂聚力的重要作用。只有不断推进"四个全面"战略布局,社会主义核心价值观才能真正成为全国各族人民共同认同的价值观"最大公约数"。两者互为前提、互为条件,并在实现中华民族伟大复兴的中国梦的历史进程中统一起来。

社会主义核心价值观的提出,有利于塑造我国的国家形象。在新的历史条件下,中国参与国际经济、政治、文化活动的程度和广度不断加深。中国自改革开放以来,在经济、政治、文化和社会等各个领域都取得了显著成就,经济总量已跃居全球第二。面对中国的强大,出现了"中国威胁论""国强必霸"的言论,有的甚至刻意丑化、矮化和妖魔化中国国家形象。面对这种复杂的国际形势,塑造中国的国家形象就具有了紧迫的现实意义。习近平总书记指出:"要注重塑造我国的国家形象,重点展示中国历史底蕴深厚、各民族多元一体、文化多样和谐的文明大国形象，政治清明、经济发展、文化繁荣、社会稳定、人民团结、山河秀美的东方大国形象，坚持和平发展、促进共同发展、维护国际公平正义、为人类作出贡献的负责任大国形象，对外更加开放、更加具有亲和力、充满希望、充满活力的社会主义大国形象。"①

社会主义核心价值观的提出，是塑造中国国家形象的重要手段之一。古人云："以利相交，利尽则散；以势相交，势败则倾；以权相交，权失则弃；以情相交，情断则伤；唯以心相交，方能成其久远。"所谓"以心相交"，就是"心通意合"。要想实现"心通意合"，在很大程度上就要求建构某种共同的价值认同。只有通过建构某种共同的价值认同，才能使不同民族之间实现"以心相交""心通意合"，才能为构建人类命运共同体奠定坚实的基础，也能为塑造中国的国家形象提供更为广泛的民心支持和道义支持。

总之，社会主义核心价值观从国家、社会和个人三个层面向世界展示了中国实现中华民族伟大复兴中国梦的价值观。它是中国国家形象构建的灵魂和核心，这为有效提升中国国家形象提供了一个崭新的实现路径。当然，社会主义核心价值观的提出对于中国意识形态的重塑和整合也具有相当重要的作用。

---

① 习近平：《在十八届中央政治局第十二次集体学习时的讲话》（2013年12月30日），《习近平关于社会主义文化建设论述摘编》，中央文献出版社2017年版，第202页。

第二节 社会主义核心价值观构筑中国精神、中国价值、中国力量

在当代中国,我们的民族、我们的国家应该坚守的社会主义核心价值观,就是党的十八大提出的"富强、民主、文明、和谐,自由、平等、公正、法治,爱国、敬业、诚信、友善"。这 24 个字是中国文化软实力的灵魂,反映了全国各族人民共同认同的价值观"最大公约数"。它的提出,回答了我们要建设什么样的国家、建设什么样的社会、培育什么样的公民的重大问题。习近平总书记指出,要"用社会主义核心价值观凝魂聚力,更好构筑中国精神、中国价值、中国力量,为中国特色社会主义事业提供源源不断的精神动力和道德滋养"①。

一 建设什么样的国家

富强、民主、文明、和谐是社会主义核心价值观在国家层面上的价值追求,它回答了应该建设什么样的国家这一问题。它是中国社会主义现代化国家的建设目标,也是从国家层面对社会主义核心价值观基本理念的凝练,在社会主义核心价值观中居于最高层次,对其他层次的价值理念具有统领作用。

---

① 习近平:《对全国道德模范表彰活动作出的批示》(2015年 10 月 14 日),《习近平关于社会主义文化建设论述摘编》,中央文献出版社 2017 年版,第 146 页。

第三章 用社会主义核心价值观凝魂聚力

"富强"是国富民强,是社会主义现代化国家经济建设的应然状态,是中华民族梦寐以求的美好夙愿,也是国家繁荣昌盛、人民幸福安康的物质基础。近代以前,中国曾经是世界上经济最为发达、文化最为昌明的文明古国。在世界工业革命如火如荼、人类社会发生深刻变革的时期,中国丧失了与世界同进步的历史机遇,落到了被动挨打的境地。尤其是鸦片战争之后,中华民族更是陷入积贫积弱、任人宰割的悲惨状况。国富民强就成为中华民族近代以来的梦想,成为数代中国人奋发图强的动力。时至今日,经过40年的改革开放,中国经济取得了举世瞩目的成就,人民生活水平也获得了明显的提升。与此同时,我们仍应看到,中国仍存在经济结构不合理、经济发展水平不平衡、经济发展模式不可持续、城乡区域发展差距和居民收入差距依然较大等诸多问题。这就需要全国各族人民团结一致,凝魂聚力,在全面建成小康社会这一奋斗目标的指导下,不断推动中国特色社会主义事业迈向新的台阶。

"民主"即人民当家做主,是社会主义民主政治的本质和核心。我们所追求的民主就是人民民主,就是保证和支持人民当家做主。它是社会主义的生命,也是创造人民美好幸福生活的政治保障。实现人民民主,保证人民当家做主,必须坚持国家一切权力属于人民的宪法理念;实现人民民主,保证人民当家做主,要求治国理政大政方针在人民内部各方面进行广泛协商;实现人民民主,保证人民当家做主,实现的形式是丰富多彩的,不能拘泥于刻板的模式,更不能说只有一种放之四海而皆准的评判标准;实

> 建设新时代社会主义文化强国

现人民民主，保证人民当家做主，必须具体地、现实地体现到中国共产党执政和国家治理上来，具体地、现实地体现到党和国家机关各个方面、各个层级的工作上来。人民民主是我们党始终高扬的光辉旗帜，是国家在政治建设方面的基本价值目标，只有让人民充分享受自由和民主，才能为实现中华民族的伟大复兴创造良好的政治条件和环境。

"文明"是社会进步的重要标志，也是社会主义现代化国家的重要特征。它是社会主义现代化国家文化建设的应然状态，是对面向现代化、面向世界、面向未来的，民族的、科学的、大众的社会主义文化的概括，是实现中华民族伟大复兴的重要支撑。中国是有着悠久文明的国家。在世界几大古代文明中，中华文明是唯一没有中断、延续至今的文明，已经有5000多年的历史了。在这5000多年的文明史中，中华民族创造和传承了丰富的优秀文化传统。这些传统是我们民族的"根"和"魂"。一个民族要实现复兴，既需要强大的物质力量，也需要强大的精神力量。实现中华民族的伟大复兴不仅要在经济发展上创造奇迹，更要重新谱写精神文化上的辉煌。社会主义核心价值观所倡导的"文明"，旨在不断提升广大人民群众的思想道德和科学文化素质，开民智、育民德，延续我们民族的"根"和"魂"，为实现中华民族的伟大复兴奠定坚实的精神基础。

"和谐"是社会主义国家在社会建设领域的价值诉求，体现了中国传统文化的基本理念。它要求辩证地处理人与自然、人与社会以及人与人之间的关系。它要求改变不公平的社会现状，实现学有所教、劳有所得、病有所医、老有所养、住有所居的生动局面，这是经济社会和谐稳定、持续健康发展的重要保证。社会和谐稳定是中国特色社会主义的本质属性，也是改革发展的基本前提条件。没有和谐稳定的社会环境，一切改革发展都无从谈起，再好的规划和方案都难以实现，已经取得的成果也会失去。维护社会和谐稳定，重在妥善处理社会矛盾。要增强发展的全面性、协调性、可持续性，积极推动解决人民群众的基本民生问题，不断打牢和巩固社会和谐稳定的物质基础，从源头上预防和减少可能的社会矛盾。

总之，社会主义核心价值观中的"富强、民主、文明、和谐"分别体现了社会主义国家在经济建设、政治建设、文化建设和社会建设领域的价值诉求和基本目标，是实现中华民族伟大复兴在国家层面的基本要求。

二 建设什么样的社会

人是社会性的动物，人们共同生活在一起构成了整个社会。一个健康的社会不仅有共同的利益诉求，也有共同的价值追求。"自由、平等、公正、法治"是对美好社会的生动表述，也是从社会层面对社会主义核心价值观基本理念的凝练。"自由、平等、公正、法治"，不仅体现了现代社会基本的价值追求，也反映了中国特色社会主义的基本属性。构建"自由、平等、公正、法治"的理想社会是中国共产党矢志不渝、长期实践的核心价值理念，也是实现中华民族伟大复兴的目标之一。

"自由"是指人的意志自由、存在和发展的自由，是人类社会的美好向往,也是马克思主义追求的社会价值目标。追求人的自由发展是马克思主义的价值支撑和最终归宿。1848年,在由马克思和恩格斯共同撰写的《共产党宣言》中有这样一段经典论述:"代替那存在着阶级和阶级对立的资产阶级旧社会的,将是这样一个联合体,在那里,每个人的自由发展是一切人的自由发展的条件。"① 这段经典论述描绘了马克思和恩格斯心目中未来理想社会的图景,成为历代马克思主义者构想理想社会的经典参照系。在这个理想社会中,每个人都能够按照自己的意志自由发展,而每个人的自由发展又成为他人自由发展的前提和条件,这是一个所有人实现自由发展的社会,是一个由所有具有自由意志的人组成的联合体。社会主义核心价值观中的"自由"就体现了马克思和恩格斯对自由社会的价值追求。

"平等"指的是公民在法律面前的一律平等,人人依法享有平等参与、平等发展的权利。社会主义核心价值观的"平等"中包含着"实质平等"的价值诉求。社会主义核心价值观所追求的平等是权利平等、机会平等、人格平等。目前,中国国内贫富差距仍然较大,这致使某些人甚至错误地认为,中国社会各个阶层之间的流动性正在日益变小,富裕阶层、中间阶层和贫困阶层正在日益固化。如果按照这种错误的观点,处于不同社会阶层的人是不能够充分地享有平等发展的机会的。但社会主义核心价值观的平等就要求"要随时随刻倾听人民呼声、回应人民期待、

---

① 《马克思恩格斯文集》第2卷,人民出版社2009年版,第53页。

保证人民平等参与、平等发展权利，维护社会公平正义"①，保证广大人民群众"共同享有人生出彩的机会、共同享有梦想成真的机会、共同享有同祖国和时代一起成长和进步的机会"②。

"公正"即社会公平正义，它是中国特色社会主义的内在要求，更是中国共产党追求的崇高价值目标，是国家、社会应有的根本价值理念。社会主义核心价值观所倡导的"公正"，是要将平等和自由两种价值有机地结合起来，统一起来。它以人的解放、人的自由平等权利的获得为前提，因为社会有平等而无自由则会丧失活力，有自由而无平等则可能失序。公正要求加紧完善保障社会公正各种制度，努力营造公平、正义的社会环境，充分保障人民平等参与、平等发展的权利。公正是法制的生命线，司法公正又对社会公正具有重要的引领作用，反之，司法不公正又会对社会公正造成致命性的破坏。所谓"举直错诸枉，则民服；举枉错诸直，则民不服"，要想实现社会公平正义，就需要不断推进司法公正，以引导社会共同营造公平正义的环境。

"法治"是治国理政的基本方式，依法治国是社会主义民主政治的基本要求。它通过法制建设来维护和保障公民的根本利益，是实现自由平等、公平正义的制度保证。文明社会都是法制社会，都是以法制的方式来实现自由、

---

① 本书编写组：《托起中国梦——学习习近平同志在十二届全国人大一次会议上的讲话》，新华出版社2013年版，第4页。

② 同上书，第3页。

平等和公正的社会。党的十八大以来，以习近平同志为核心的党中央从坚持和发展中国特色社会主义全局出发，从实现国家治理体系和治理能力现代化的高度出发，提出了全面依法治国的重大战略布局。党的十九大再次强调要依法治国，这就要求我们在坚持党的领导和人民当家做主的基础上，把党的领导、人民当家做主、依法治国有机统一起来，坚定不移走中国特色社会主义法治道路，建设社会主义法治国家。

总之，社会主义核心价值观中的"自由、平等、公正、法治"是社会主义国家构建理想社会的价值诉求和目标，也是实现中华民族伟大复兴所不可或缺的社会层面的价值基础。

三　培育什么样的公民

"爱国、敬业、诚信、友善"，是公民基本道德规范，是从个人行为层面对社会主义核心价值观基本理念的凝练。它覆盖社会道德生活的各个领域，是公民必须恪守的基本道德准则，也是评价公民道德行为选择的基本价值标准。

"爱国"是基于个人对自己祖国依赖关系的深厚情感，也是调节个人与祖国关系的行为准则。它同社会主义紧密结合在一起，要求人们以振兴中华为己任，促进民族团结、维护祖国统一、自觉报效祖国。关于爱国主义，习近平总书记在多个场合做过深刻的论述。他特别强调要在过去、现在和未来三个时间维度上理解爱国主义。首先，爱国主义是中华民族的传统美德，是把中华民族团结在一起的精神内核和力量。"这种精神是凝气聚力的兴国之魂，强国之魄。"① 只有每个人心怀爱国主义精神，恪守"国家兴亡、匹夫有责"的古老信条，才能将个人荣辱与祖国命运紧密联系起来，充分激发个人的创造热情和创新能力，为中华民族的伟大复兴贡献自己的力量。

其次，爱国主义与当下的"中国梦"紧密相连。2015年12月30日，习近平总书记在主持中央政治局第二十九次集体学习时明确指出，"实现中华民族伟大复兴的中国梦，是当代中国爱国主义的鲜明主题"②。这为我们准确把握当代中国爱国主义提供了重要遵循。

最后，要特别注重在青少年中培养爱国主义精神。青少年是祖国的未来。梁启超在《少年中国说》中曾经指出，少年智则国智，少年富则国富，少年强则国强，少年独立则国独立，少年自由则国自由，少年进步则国进步，少年胜于欧洲，则国胜于欧洲，少年雄于地球，则国雄于地球。因此，要结合弘扬和践行社会主义核心价值观，在广大青少年中开展深入、持久、生动的爱国主义宣传教育，让爱国主义精神在广大青少年心中牢牢扎根，让广大青少年培养爱国之情、砥砺强国之志、实践报国之行，让爱国主义精神代代相传、发扬光大。

"敬业"是对公民职业行为准则的价值评价，要求公

---

① 本书编写组：《托起中国梦——学习习近平同志在十二届全国人大一次会议上的讲话》，新华出版社2013年版，第3页。

② 习近平：《在十八届中央政治局第二十九次集体学习时的讲话》（2015年12月30日），《人民日报》2015年12月31日第1版；《习近平关于全面建成小康社会论述摘编》，中央文献出版社2016年版，第123页。

民忠于职守，克己奉公，服务人民，服务社会，充分体现了社会主义职业精神。进一步来说，敬业不仅是职业行为准则的基本要求，也是职业伦理的核心。现代化社会是分工合作的社会，每个人都是自己行业的一分子。在物欲横流的现代社会中，很多人会迷失在追求物质享受中，错误地将自己的职业看作挣钱和谋生的手段，而非实现自我价值、奉献社会的合理途径。社会主义核心价值观所倡导的敬业，旨在促使人们重新反思职业的价值。只有每个人都以真诚的态度、任劳任怨的精神对待自己的职业，才能尽其所能地做好本职工作，才能实现自己的人生价值，进而为实现中华民族的伟大复兴作出自己应有的贡献。

"诚信"即诚实守信，是人类社会千百年传承下来的道德传统，更是中华传统美德中的核心要求，古人内省克己的信条之一便是"人无信不立"。诚信也是社会主义道德建设的重点内容，它强调诚实劳动、信守承诺、诚恳待人、真实无欺、讲究荣誉。在中国共产党第十八届中央委员会第四次会议通过的《中共中央关于全面推进依法治国若干重大问题的决定》中，要求加强社会诚信建设，健全公民和组织守法信用记录，完善守法诚信褒奖机制和违法失信行为惩戒机制，使遵法守法成为全体人民的共同追求和自觉行动。目前，加强社会诚信建设已经成为全面深化改革的重要内容，更是党员干部要恪守的行为准则和道德标准。只有诚信成为每个人内省的信条、行为的准则、是非的标准，实现中华民族伟大复兴才会具有牢固的诚信根基。

"友善"强调公民之间应互相尊重、互相关心、互相帮助，和睦友好，努力形成社会主义的新型人际关系。友善是人们在日常的待人接物中表现出来的宽厚,既是一种文明素养,也是人际交往中消解隔阂和矛盾的润滑剂。当前,中国改革已进入攻坚期和深水区,不可避免地会触及深层次社会关系和利益矛盾,这更需要培养个人友善的品格。只有每个人都宽以待人,我们的社会才会更加和谐、充满友爱和温暖,才能在潜移默化中铸就中华民族伟大复兴的道德基石。

总之,社会主义核心价值观把涉及国家、社会、公民的价值要求融为一体,既体现了社会主义本质要求,又是社会主义先进文化的精髓,决定着中国特色社会主义的发展方向。目前,我们已经进入社会主义建设新时代,实现中华民族伟大复兴中国梦的号角已经吹响,"有梦想,有机会,有奋斗,一切美好的东西都能创造出来,全国各族人民一定要牢记使命,心往一处想,劲往一处使,用13亿人的智慧和力量汇集起不可战胜的磅礴力量"[①]。因此,我们要积极培育和践行社会主义核心价值观,使其内化于心、外化于行。

第三节 要坚持社会主义核心价值观内化于心、外化于行

党的十九大报告指出,要以培养担当民族复兴大任的时代新人为着眼点,强化教育引导、实践养成、制度保

---

① 本书编写组:《托起中国梦——学习习近平同志在十二届全国人大一次会议上的讲话》,新华出版社2013年版,第4页。

障，把社会主义核心价值观融入社会发展各方面，转化为人们的情感认同和行为习惯。这就要求在培育与践行社会主义核心价值观时，要使其能够内化于心、外化于行。习近平总书记强调，要"把培育和弘扬社会主义核心价值观作为凝魂聚气、强基固本的基础工程，继承和发扬中华优秀传统文化和传统美德，广泛开展社会主义核心价值观宣传教育，积极引导人们讲道德、尊道德、守道德，追求高尚的道德理想，不断夯实中国特色社会主义的思想道德基础"①。具体要求做好以下几个方面的工作：

一　必须立足中华优秀传统文化

牢固的核心价值观，都有其固有的根本。抛弃传统、丢掉根本，就等于割断了自己的精神命脉。博大精深的中华优秀传统文化是我们在世界文化激荡中站稳脚跟的根基。中华文化源远流长，积淀着中华民族最深层的精神追求，代表着中华民族独特的精神标识，为中华民族生生不息、发展壮大提供了丰厚滋养。习近平总书记强调："中华优秀传统文化已经成为中华民族的基因，植根在中国人内心，潜移默化影响着中国人的思想方式和行为方式。今天，我们提倡和弘扬社会主义核心价值观，必须从中汲取丰富营养，否则就不会有生命力和影响力。"②

---

① 习近平：《培育和弘扬社会主义核心价值观》（2014年2月24日），《习近平谈治国理政》，外文出版社2014年版，第163页。

② 习近平：《青年要自觉践行社会主义核心价值观——在北京大学师生座谈会上的讲话》（2014年5月4日），人民出版社2014年版，第7页。

中华传统美德是中华文化精髓，蕴含着丰富的思想道德资源。其中凝聚着数千年来中华民族关于个人品德修养和行为规范的思考和表达，记录着自远古以来就深入中国人骨髓中的传统美德。比如，中华文化强调"民惟邦本""天人合一""和而不同"，强调"天行健，君子以自强不息""大道之行也，天下为公"；强调"天下兴亡，匹夫有责"，主张以德治国、以文化人；强调"君子喻于义""君子坦荡荡""君子义以为质"；强调"言必信，行必果""人而无信，不知其可也"；强调"德不孤，必有邻""仁者爱人""与人为善""己所不欲，勿施于人""出入相友，守望互助""老吾老以及人之老，幼吾幼以及人之幼""扶贫济困""不患寡而患不均"等。习近平总书记指出，"像这样的思想和理念，不论过去还是现在，都有其鲜明的民族特色，都有其永不褪色的时代价值。这些思想和理念，既随着时间推移和时代变迁而不断与时俱进，又有其自身的连续性和稳定性。我们生而为中国人，最根本的是我们有中国人的独特精神世界，有百姓日用而不觉的价值观。我们提倡的社会主义核心价值观，就充分体现了对中华优秀传统文化的传承和升华"[①]。

不忘本来才能开辟未来，善于继承才能更好创新。对历史文化特别是先人传承下来的价值理念和道德规范，要坚持古为今用、推陈出新，有鉴别地加以对待，有扬弃地予以继承，努力用中华民族创造的一切精神财富来以文化

---

① 习近平：《青年要自觉践行社会主义核心价值观——在北京大学师生座谈会上的讲话》（2014年5月4日），人民出版社2014年版，第7—8页。

人、以文育人。社会主义核心价值观绝不是中华传统文化的简单继承和现代复归，而是在马克思主义的指导下，坚持"古为今用、推陈出新、取其精华、剔除糟粕"的方针，为中华传统文化注入新的时代内涵。这就要求在培育与践行社会主义核心价值观时，既要充分挖掘和阐释中华优秀传统文化中的道德精粹和思想精华，也要不断推进中华优秀传统文化实现创造性转化与创新性发展，使其真正成为涵养社会主义核心价值观的重要源泉。

习近平总书记指出："要讲清楚中华优秀传统文化的历史渊源、发展脉络、基本走向，讲清楚中华文化的独特创造、价值理念、鲜明特色，增强文化自信和价值观自信。要认真汲取中华优秀传统文化的思想精华和道德精髓，大力弘扬以爱国主义为核心的民族精神和以改革创新为核心的时代精神，深入挖掘和阐发中华优秀传统文化讲仁爱、重民本、守诚信、崇正义、尚和合、求大同的时代价值，使中华优秀传统文化成为涵养社会主义核心价值观的重要源泉。要处理好继承和创造性发展的关系，重点做好创造性转化和创新性发展。"[①]

所谓"中华传统文化的创造性转化"，主要是指按照新时期的要求，对那些至今仍有借鉴价值的内涵和表达形式进行改造，赋予其新的时代内涵和现代表现形式；所谓的"中华传统文化的创新性发展"，主要是指按照

---

① 习近平：《培育和弘扬社会主义核心价值观》（2014年2月24日），《习近平谈治国理政》，外文出版社2014年版，第164页。

当今时代新的进步和发展趋势,对中华传统文化的内涵进行补充、扩展和完善,从而进一步增强其影响力和生命力。

总之,培育与践行社会主义核心价值观要求必须立足中华传统文化,"要继承和弘扬我国人民在长期实践中培育和形成的传统美德,坚持马克思主义道德观、坚持社会主义道德观,在去粗取精、去伪存真的基础上,坚持古为今用、推陈出新,努力实现中华传统美德的创造性转化、创新性发展,引导人们向往和追求讲道德、尊道德、守道德的生活,让13亿人的每一分子都成为传播中华美德、中华文化的主体"[①]。

二 大力弘扬爱国主义精神

在社会主义核心价值观中,最深层、最根本、最永恒的就是爱国主义。培育和践行社会主义核心价值观就必须把爱国主义教育作为永恒主题,贯穿在国民教育和精神文明建设的始终,贯穿在培育和践行社会主义核心价值观的始终。关于弘扬爱国主义精神,习近平总书记做过多次论述,其中最为集中的一次是在2015年12月30日,他在主持中共中央政治局第二十九次集体学习时,就中华民族爱国主义精神的历史形成和发展发表讲话。习近平总书记强调,伟大的事业需要伟大的精神。"实现中华民族伟大复兴

[①] 习近平:《提高国家文化软实力》(2013年12月30日),《习近平谈治国理政》,外文出版社2014年版,第160—161页。

的中国梦,是当代中国爱国主义的鲜明主题。"① 爱国主义是中华民族精神的核心。爱国主义精神深深植根于中华民族心中,是中华民族的精神基因,维系着华夏大地上各个民族的团结统一,激励着一代又一代中华儿女为祖国发展繁荣而不懈奋斗。5000多年来,中华民族之所以能够经受住无数难以想象的风险和考验,始终保持旺盛生命力,生生不息,薪火相传,同中华民族有深厚持久的爱国主义传统是密不可分的。中国共产党是爱国主义精神最坚定的弘扬者和实践者,始终把实现中华民族伟大复兴作为自己的历史使命。90多年来,我们党团结带领全国各族人民进行的革命、建设、改革实践,是爱国主义的伟大实践,写下了中华民族爱国主义精神的辉煌篇章。

弘扬爱国主义精神,必须坚持爱国主义和社会主义相统一,始终围绕实现民族富强、人民幸福来进行;弘扬爱国主义精神,必须维护祖国统一和民族团结,旗帜鲜明地反对分裂国家的图谋、破坏民族团结的言行;弘扬爱国主义精神,必须尊重和传承中华民族历史和文化,把传承和弘扬中华优秀传统文化同培育和践行社会主义核心价值观统一起来,引导人民树立和坚持正确的历史观、民族观、国家观、文化观,不断增强中华民族的归属感、认同感、尊严感、荣誉感;弘扬爱国主义精神,必须坚持立足民族又面向世界,善于从不同文明中寻求智慧、汲取营养,增

---

① 习近平:《在十八届中央政治局第二十九次集体学习时的讲话》(2015年12月30日),《习近平关于全面建成小康社会论述摘编》,中央文献出版社2016年版,第123页。

强中华文明生机活力。弘扬爱国主义精神，就要结合弘扬和践行社会主义核心价值观，在广大青少年中开展深入、持久、生动的爱国主义宣传教育，让爱国主义精神在广大青少年心中牢牢扎根，让广大青少年培养爱国之情、砥砺强国之志、实践报国之行，让爱国主义精神代代相传、发扬光大。

由此可见，爱国不仅是社会主义核心价值观对公民道德的价值要求，更彰显了当前中国的时代主题和开放自信的民族精神，因此，要在培育和弘扬社会主义核心价值观的过程中，持续大力弘扬爱国主义精神，更要以弘扬爱国主义精神为指引，切实而深入地培育和践行社会主义核心价值观。

三 要持续深化社会主义思想道德建设

培育和践行社会主义核心价值观的基本目的就是要以文化人、以文育人，其中最为关键的正是要突出道德价值的作用。习近平总书记指出，"精神的力量是无穷的，道德的力量也是无穷的。中华文明源远流长，蕴育了中华民族的宝贵精神品格，培育了中国人民的崇高价值追求。自强不息、厚德载物的思想，支撑着中华民族生生不息、薪火相传，今天依然是我们推进改革开放和社会主义现代化建设的强大精神力量"[①]。2013年11月，习近平总书记在

---

① 习近平：《为实现中国梦凝聚有力道德支撑》（2013年9月26日），《习近平谈治国理政》，外文出版社2014年版，第158页。

山东曲阜考察孔府和孔子研究院时也曾指出，国无德不兴，人无德不立。必须加强全社会的思想道德建设，激发人们形成善良的道德意愿、道德情感，培育正确的道德判断和道德责任，提高道德实践能力尤其是自觉践行能力，引导人们向往和追求讲道德、尊道德、守道德的生活，形成向上的力量、向善的力量。

2014年5月4日，习近平总书记在北京大学师生座谈会上进一步指出，"核心价值观，其实就是一种德，既是个人的德，也是一种大德，就是国家的德、社会的德。国无德不兴，人无德不立。如果一个民族、一个国家没有共同的核心价值观，莫衷一是，行无依归，那这个民族、这个国家就无法前进。这样的情形，在我国历史上，在当今世界上，都屡见不鲜"[①]。培育和践行社会主义核心价值观，重要的是增强人们的价值判断力和道德责任感。社会主义核心价值观是追求真善美的价值观，中华民族是自强不息、厚德载物的民族，每个人心底蕴藏的善良道德意愿、道德情感，就是我们培育社会主义核心价值观最深厚的土壤。[②]

因此，"要把增强全社会的价值判断力和道德责任感作为宣传教育的重要着力点，引导人们辨别什么是真善美、什么是假恶丑，自觉做到常修善德、常怀善念、常做善举。现在突出问题是，在一些领域和一些人当中，价值

---

① 习近平：《青年要自觉践行社会主义核心价值观——在北京大学师生座谈会上的讲话》（2014年5月4日），人民出版社2014年版，第4页。

② 参见刘云山《着力培育和践行社会主义核心价值观》，《求是》2014年第2期。

判断没有了界限、丧失了底线，甚至以假乱真、以丑为美、以耻为荣。一定要正视问题，把正面教育与舆论监督结合起来，把热点问题引导与群众道德评议结合起来，旗帜鲜明地弘扬真善美、贬斥假恶丑，树立正确导向、澄清模糊认识、匡正失范行为，形成激浊扬清、抑恶扬善的思想道德舆论场，引导人们自觉做良好道德风尚的建设者，做社会文明进步的推动者"①。

总之，在培育和践行社会主义核心价值观的过程中，要持续深入地开展思想道德建设，通过倡导和弘扬真善美的道德价值，在全社会形成崇德向善、见贤思齐、德行天下的浓厚氛围。

四 要在落细、落小、落实上下功夫

要切实培育和践行社会主义核心价值观，还要在"落细、落小、落实上下功夫"。一种价值观要真正发挥作用，必须融入社会生活，让人们在实践中感知它、领悟它。要注意把社会主义核心价值观所提倡的与人们日常生活紧密联系起来，在落细、落小、落实上下功夫。要把培育与践行社会主义核心价值观贯穿在生活的方方面面，使它与人们的日常生活紧密联系起来，使人们在实践中感知它、领悟它，达到"百姓日用而不知"的程度，这才实现了真正的"内化于心"，也只有真正内化于心的价值观才会具有恒久生命力。实践是最有说服力的

---

① 参见刘云山《着力培育和践行社会主义核心价值观》，《求是》2014年第2期。

教科书。社会主义核心价值观的最大说服力，应该来自夺取中国特色社会主义新胜利、实现中国梦的生动实践。社会主义核心价值观所倡导的价值理念，在为中国梦提供精神支撑的同时，也将逐步彰显强大生命力，触及人们的灵魂深处，使人们更自觉地认同和遵循，进而转化为更积极追求幸福生活的行动。

具体而言，要通过教育引导、舆论宣传、文化熏陶、实践养成、制度保障等，使社会主义核心价值观内化为人们的精神追求，外化为人们的自觉行动。所谓"教育引导"，就是要做到区分层次，突出重点。首先要充分发挥榜样的力量。榜样的力量是无穷的，广大党员、干部必须带头学习和弘扬社会主义核心价值观，用自己的模范行为和高尚人格感召群众、带动群众。其次要从娃娃抓起、从学校抓起，少年儿童要从小学习做人，扣好人生的第一粒扣子。培育和践行社会主义核心价值观要做到进教材、进课堂、进头脑。最后，广大青年要把正确的道德认知、自觉的道德养成、积极的道德实践紧密结合起来，自觉树立和践行社会主义核心价值观，带头倡导良好社会风气。要加强思想道德修养，自觉弘扬爱国主义、集体主义、社会主义思想，积极倡导社会公德、职业道德、家庭美德。

所谓"舆论宣传"，就是要利用各种时机和场合，运用各类文化形式，生动具体地表现社会主义核心价值观，营造良好的舆论氛围，做到"春风化雨，润物无声"。具体而言，就是要用高质量高水平的作品，形象地告诉人们什么是真善美，什么是假恶丑，什么是值得肯定和赞扬的，什么是必须反对和否定的，形成有利于培育和弘扬社会主义核心价值观的生活情景和社会氛围，使核心价值观的影响像空气一样无所不在、无时不有。

所谓"文化熏陶"，就是除了做好常规的理论宣讲、思想教育，还应重视发挥文以载道、文以释道、文以传道的优势，多做"以文化人"的隐性、软性教育。聚焦社会主义核心价值观在社会发展进程及个体命运变迁等方面的典型事例，善于用艺术的形式把深刻的大道理和贴近百姓的小道理结合起来讲述好、传播好，使人们在得到审美享受的同时感受到真理的魅力，更加增强对社会主义核心价值观的认同。

所谓"实践养成"，就是要建立和规范一些礼仪制度，组织开展形式多样的纪念庆典活动，传播主流价值，增强人们的认同感和归属感。要把社会主义核心价值观的要求融入各种精神文明创建活动之中，吸引群众广泛参与，推动人们在为家庭谋幸福、为他人送温暖、为社会作贡献的过程中提高精神境界、培育文明风尚。

所谓"制度保障"，就是要发挥政策导向作用，使经济、政治、文化、社会等方方面面政策都有利于社会主义核心价值观的培育。要用法律来推动核心价值观建设。各种社会管理要承担起倡导社会主义核心价值观的责任，注重在日常管理中体现价值导向，使符合核心价值观的行为得到鼓励、违背核心价值观的行为受到制约。

总之，在培育和践行社会主义核心价值观方面，必须立足于中华民族优秀传统文化，特别是中华优秀传统美德；大力弘扬爱国主义精神，并将其与培育和践行社会主义核心价值观紧密联系起来；大力加强社会主义思想道德建设，营造全社会崇德向善的浓厚氛围；特别是要将其与日常生活紧密联系起来，在落细、落小、落实上下功夫。

第四章

实现中华优秀传统文化的创造性转化和创新性发展

党的十八大以来，习近平总书记继承党的优良传统，紧紧围绕"坚持和发展什么样的中国特色社会主义、怎样坚持和发展中国特色社会主义"这一新的时代课题，坚持"有鉴别对待、有扬弃继承、创造性转化、创新性发展"的基本方针，把中华优秀传统文化思想运用到经济建设、政治建设、文化建设、社会建设、生态文明建设以及党的建设、国际关系等治国理政的方方面面，赋予中华优秀传统文化崭新的时代内涵，使党的创新理论深深扎根于中华优秀传统文化沃土之中。这标志着我们党对社会主义文化发展规律和中华优秀传统文化的认识提升到一个新境界，进入到一个新阶段，为新的时代条件下传承和弘扬中华优秀传统文化提供了重要遵循和根本指引。党的十八大以来的实践充分证明，中华优秀传统文化已经成为我们党治国理政的重要文化基础，成为我们党创新理论的重要思想来源，也是当代中国共产党人为全球治理提供中国智慧、中国方案的历史根据。

建设新时代社会主义文化强国

第一节 中华优秀传统文化的历史定位

古往今来，任何国家和民族的发展与振兴，总是以文化的兴盛为支撑的。中华民族之所以历经磨难而巍然屹立于世界民族之林，中华文明之所以历经5000多年仍具有旺盛的生命力，一个重要原因就在于其拥有博大精深的中华优秀文化。习近平总书记的一系列重要论述，深刻揭示了中华优秀传统文化的历史定位，科学回答了在党治国理政的今天为什么要大力传承和弘扬中华优秀传统文化这一重大问题，体现了我们党对于中华传统优秀文化本质意义的新认识。

一 中华民族生生不息、发展壮大的精神滋养

文化是民族生存和发展的重要力量。中华民族是一个伟大的民族。在5000多年的文明发展历程中，中国人民依靠自己的勤劳、勇敢、智慧，开创了民族和睦共处的美好家园，培育了历久弥新的优秀文化，为人类的文明进步作出了不可磨灭的贡献。正如习近平总书记指出的："中国是有着悠久文明的国家。在世界几大古代文明中，中华文明是没有中断、延续发展至今的文明，已经有5000多年历史了。我们的祖先在几千年前创造的文字至今仍在使用。2000多年前，中国就出现了诸子百家的盛况，老子、孔子、墨子等思想家上究天文、下穷地理，广泛探讨人与人、人与社会、人与自然关系的真谛，提出了博大精深的思想体系。他们提出的很多理念，如孝悌忠信、礼义廉

耻、仁者爱人、与人为善、天人合一、道法自然、自强不息等，至今仍然深深影响着中国人的生活。中国人看待世界、看待社会、看待人生，有自己独特的价值体系。中国人独特而悠久的精神世界，让中国人具有很强的民族自信心，也培育了以爱国主义为核心的民族精神。"①

2013年3月17日，在第十二届全国人民代表大会第一次会议上的讲话中，习近平总书记指出："经过几千年的沧桑岁月，把我国56个民族、13亿多人紧紧凝聚在一起的，是我们共同经历的非凡奋斗，是我们共同创造的美好家园，是我们共同培育的民族精神，而贯穿其中的、更重要的是我们共同坚守的理想信念。"② 中华民族是具有非凡创造力的民族，我们创造了伟大的中华文明，我们也能够继续拓展和走好适合中国国情的发展道路。全国各族人民一定要增强对中国特色社会主义的理论自信、道路自信、制度自信，坚定不移沿着正确的中国道路奋勇前进。

二 中华民族的文化基因和精神家园

独具特色的文化和精神，是一个国家、一个民族安身

---

① 习近平：《在布鲁日欧洲学院的演讲》（2014年4月1日），《出席第三届核安全峰会并访问欧洲四国和联合国教科文组织总部、欧盟总部时的演讲》，人民出版社2014年版，第41—42页。

② 习近平：《在第十二届全国人民代表大会第一次会议上的讲话》（2013年3月17日），《习近平谈治国理政》，外文出版社2014年版，第39页。

立命的根本。2014年5月4日,在与北京大学师生座谈时,习近平总书记指出:"中华文明绵延数千年,有其独特的价值体系。中华优秀传统文化已经成为中华民族的基因,植根在中国人内心,潜移默化影响着中国人的思想方式和行为方式。"①

中国共产党人是坚定的马克思主义者,其指导思想就是马克思列宁主义、毛泽东思想和中国特色社会主义理论体系。同时,中国共产党人不是历史虚无主义者,也不是文化虚无主义者,不能数典忘祖、妄自菲薄。在主持十八届中央政治局第十八次集体学习时,习近平总书记强调:"中华传统文化源远流长、博大精深,中华民族形成和发展过程中产生的各种思想文化,记载了中华民族在长期奋斗中开展的精神活动、进行的理性思维、创造的文化成果,反映了中华民族的精神追求,其中最核心的内容已经成为中华民族最基本的文化基因。"②

泱泱中华,历史悠久,文明博大。从历史的维度看,中华传统思想文化中的优秀成分,对中华文明形成并延续发展几千年而从未中断,对形成和维护中国团结统一的政

---

① 习近平:《青年要自觉践行社会主义核心价值观——在北京大学师生座谈会上的讲话》(2014年5月4日),人民出版社2014年版,第7页。

② 习近平:《在十八届中央政治局第十八次集体学习时的讲话》(2014年10月13日),《人民日报》2014年10月14日第1版,同时参见《在纪念孔子诞辰2565周年国际学术研讨会暨国际儒学联合会第五届会员大会开幕会上的讲话》,人民出版社2014年版,第12页。

第四章　实现中华优秀传统文化的创造性转化和创新性发展

治局面，对形成和丰富中华民族精神，都发挥了十分重要的作用。中华优秀传统文化代表着中华民族独特的精神标识，是中华民族生生不息、发展壮大的丰厚滋养，是中华民族的"根"和"魂"，是中华民族永远不能离别的精神家园。我们的同胞无论生活在哪里，身上都有鲜明的中华文化烙印。2012年12月，习近平总书记在广东考察工作时指出：我们决不可抛弃中华民族的优秀文化传统，恰恰相反，我们要很好地传承和弘扬，因为这是我们民族的"根"和"魂"，丢了这个"根"和"魂"，就没有根基了。

在中国文联十大、中国作协九大开幕式上的讲话中，习近平总书记再次强调："中华文化延续着我们国家和民族的精神血脉，既需要薪火相传、代代守护，也需要与时俱进、推陈出新。要加强对中华优秀传统文化的挖掘和阐发，使中华民族最基本的文化基因同当代中国文化相适应、同现代社会相协调，把跨越时空、超越国界、富有永恒魅力、具有当代价值的文化精神弘扬起来，激活其内在的强大生命力，让中华文化同各国人民创造的多彩文化一道，为人类提供正确精神指引。"[①]

三　中华民族最深厚的文化软实力

文化软实力集中体现了一个国家基于文化而具有的凝聚力和生命力，以及由此产生的吸引力和影响力。习近平总书记指出："中华优秀传统文化是中华民族的突出优势，

[①] 习近平：《在中国文联十大、中国作协九大开幕式上的讲话》（2016年11月30日），人民出版社2016年版，第15—16页。

> 建设新时代社会主义文化强国

是我们最深厚的文化软实力。"[①] 中华人民共和国成立后特别是改革开放以来，我们取得了举世瞩目的发展成就，走出了一条独具特色的中国道路，激发凝聚起伟大的中国精神，对当今人类社会发展进步和世界文明作出了新的贡献。

今天，全面建成小康社会、实现中华民族伟大复兴，仍然离不开中华优秀传统文化的支撑。无论思想共识形成、精神力量汇聚，还是社会风尚引领、文化繁荣发展，都需要汲取传统文化的精华，通过激发全民族创造活力推动经济社会持续健康发展，不断增强我国的文化软实力和国际竞争力。

四　中华优秀传统文化是人类共有的精神财富

"一花独放不是春，百花齐放春满园。"如果世界上只有一种花朵，就算这种花朵再美，那也是单调的。习近平总书记指出："不论是中华文明，还是世界上存在的其他文明，都是人类文明创造的成果。"[②] 中华文明不仅对中国发展产生了深刻影响，而且对人类文明进步作出了重大贡献。中华传统文化中包含着许多人类共同遵循的普遍性生存智慧，以及正确反映人与人、人与社会、人与自然和谐生存发展规律的真理性认识。老子、孔子、墨子、孟子、

---

① 习近平：《把宣传思想工作做得更好》（2013年8月19日），《习近平谈治国理政》，外文出版社2014年版，第155页。

② 习近平：《在联合国教科文组织总部的演讲》（2014年3月27日），《出席第三届核安全峰会并访问欧洲四国和联合国教科文组织总部、欧盟总部时的演讲》，人民出版社2014年版，第10页。

第四章 实现中华优秀传统文化的创造性转化和创新性发展

庄子等中国诸子百家学说至今仍然具有世界性的文化意义，这些思想家思考和表达了人类生存与发展的根本问题，其智慧光芒穿透历史，思想价值跨越时空，历久弥新，成为人类共有的精神财富。

当今世界，人类文明无论在物质还是精神方面都取得了巨大进步，特别是物质的极大丰富是古代世界完全不能想象的。同时，当代人类也面临着许多突出的难题，比如，贫富差距持续扩大，物欲追求奢华无度，个人主义恶性膨胀，社会诚信不断消减，伦理道德每况愈下，人与自然关系日趋紧张，等等。要解决这些难题，不仅需要运用人类今天发现和发展的智慧和力量，而且需要运用人类历史上积累和储存的智慧和力量。中国优秀传统文化中蕴藏着解决当代人类面临的难题的重要启示，比如，关于道法自然、天人合一的思想，关于天下为公、大同世界的思想，关于自强不息、厚德载物的思想，关于以民为本、安民富民乐民的思想，关于为政以德、政者正也的思想，关于苟日新日日新又日新、革故鼎新、与时俱进的思想，关于脚踏实地、实事求是的思想，关于经世致用、知行合一、躬行实践的思想，关于集思广益、博施众利、群策群力的思想，关于仁者爱人、以德立人的思想，关于以诚待人、讲信修睦的思想，关于清廉从政、勤勉奉公的思想，关于俭约自守、力戒奢华的思想，关于中和、泰和、求同存异、和而不同、和谐相处的思想，关于安不忘危、存不忘亡、治不忘乱、居安思危的思想，等等。中国优秀传统文化的丰富哲学思想、人文精神、教化思想、道德理念等，可以为人们认识和改造世界提供有益启迪，可以为治国理政提供有益启示，也可以为道德建设提供有益启发。对传统文化中适合于调理社会关系和鼓励人们向上向善的内容，我们要结合时代条件加以继承和发扬，赋予其新的含义。

第二节　中华优秀传统文化的时代价值

习近平总书记如此重视传承和弘扬中华优秀传统文化，既是着眼于其历史价值，当然更是从其所具有的时代价值出发的。换言之，习近平总书记正是从新时代全面提升党的治国理政能力，推进党的理论创新，坚持和发展中国特色社会主义，实现中华民族伟大复兴中国梦的战略高度，来看待中华优秀传统文化的时代价值的，因而为实现中华优秀传统文化的创造性转化和创新性发展指明了正确方向。

习近平总书记强调："不忘本来才能开辟未来，善于继承才能更好创新。对历史文化特别是先人传承下来的价值理念和道德规范，要坚持古为今用、推陈出新，有鉴别地加以对待，有扬弃地予以继承，努力用中华民族创造的一切精神财富来以文化人、以文育人。"[①] 比如，中华文化强调"民惟邦本""天人合一""和而不同"，强调"天行健，君子以自强不息""大道之行也，天下为公"；强调"天下兴亡，匹夫有责"，主张以德治国、以文化人；强调

---

① 习近平：《培育和弘扬社会主义核心价值观》（2014年2月24日），《习近平谈治国理政》，外文出版社2014年版，第164页。

第四章　实现中华优秀传统文化的创造性转化和创新性发展

"君子喻于义""君子坦荡荡""君子义以为质";强调"言必信,行必果""人而无信,不知其可也";强调"德不孤,必有邻""仁者爱人""与人为善""己所不欲,勿施于人""出入相友,守望相助""老吾老以及人之老,幼吾幼以及人之幼""扶贫济困""不患寡而患不均",等等。"像这样的思想和理念,不论过去还是现在,都有其鲜明的民族特色,都有其永不褪色的时代价值。这些思想和理念,既随着时间推移和时代变迁而不断与时俱进,又有其自身的连续性和稳定性。"①

一　实现中华民族伟大复兴中国梦的坚实支撑

实现国家富强、民族振兴、人民幸福,是中国人民近代以来魂牵梦绕的理想与追求。习近平总书记用"实现中华民族伟大复兴的中国梦"这一人民群众最熟悉、最亲切、最大众化的语言,对此进行了高度概括与提炼,作出了生动形象的表述,赢得海内外广大中华儿女的普遍认同。"中国梦"这一重要概念,是建立在吸收借鉴中华历史文化精华的基础之上的,是新的时代条件下对我国古代大同世界理想和近代以来民族复兴梦想的传承和升华。

(一)实现中国梦是当代中国共产党人肩负的历史责任。中华民族伟大复兴的中国梦,体现了当代中国人的理想,承继了中华民族悠久的历史传统。中华民族的先人们

---

①　习近平:《青年要自觉践行社会主义核心价值观——在北京大学师生座谈会上的讲话》(2014年5月4日),人民出版社2014年版,第7—8页。

早就提出了"天下大同"的愿景，向往着物质生活充实无忧、道德境界充分升华的大同世界。近代以来，中国人民从来没有停止过对民族复兴梦想的追求。自孙中山先生提出"振兴中华"的口号以来，为了实现中华民族伟大复兴，无数仁人志士奋起抗争，但一次又一次地失败了。中国共产党从成立那天起，就肩负起实现中华民族伟大复兴的历史使命，团结带领人民前赴后继、顽强奋斗，逐步把贫穷落后的旧中国变成日益走向繁荣富强的新中国，中华民族伟大复兴展现出前所未有的光明前景。当代中国共产党人的责任，"就是要团结带领全党全国各族人民，接过历史的接力棒，继续为实现中华民族伟大复兴而努力奋斗，使中华民族更加坚强有力地自立于世界民族之林，为人类作出新的更大的贡献"[①]。

（二）中华优秀传统文化是实现中国梦的强大精神力量。文明特别是思想文化是一个国家、一个民族的灵魂。一个国家、一个民族的强盛，总是以文化兴盛为支撑的。无论哪一个国家、哪一个民族，如果不珍惜自己的思想文化，丢掉了思想文化这个灵魂，这个国家、这个民族是立不起来的。[②] 没有文明的继承和发展，没有文化的弘扬和繁荣，就没有中国梦的实现。实现中华民族伟大复兴的中

---

① 习近平：《人民对美好生活的向往，就是我们的奋斗目标》（2012年11月15日），《习近平谈治国理政》，外文出版社2014年版，第4页。

② 习近平：《在纪念孔子诞辰2565周年国际学术研讨会暨国际儒学联合会第五届会员大会开幕会上的讲话》（2014年9月24日），人民出版社2014年版，第9页。

国梦，要有中国精神，而中国精神必须在坚持社会主义核心价值体系的前提下，积极深入中华民族历久弥新的精神世界，把长期以来我们民族形成的积极向上向善的思想文化充分继承和弘扬起来，使之为培育和践行社会主义核心价值观服务，为建设社会主义先进文化服务，为党和国家事业发展服务。实现中华民族伟大复兴的中国梦，必须大力弘扬优秀传统文化、建设社会主义先进文化，凝聚起无坚不摧的强大力量。

（三）文化复兴是中华民族伟大复兴的一个重要方面。 习近平总书记指出："一个民族的复兴需要强大的物质力量，也需要强大的精神力量。没有先进文化的积极引领，没有人民精神世界的极大丰富，没有民族精神力量的不断增强，一个国家、一个民族不可能屹立于世界民族之林。"[①] 一个国家要实现奋斗目标，既要不断地丰富物质财富，也要不断地丰富精神财富。实现中国梦，是物质文明和精神文明比翼双飞的发展过程。当高楼大厦在我国大地上遍地林立时，中华民族精神的大厦也应该巍然耸立。[②] 实现"两个一百年"奋斗目标、实现中华民族伟大复兴的中国梦，需要充分发挥全党全国各族人民今天所具有的伟大智慧，也需要充分运用中华民族5000多年积累的伟大智慧。中华民族的历史智慧是中国人民世世代代形成和积累的。实现中华民族伟大复兴，其中一个重要方面就是复

[①] 习近平：《在文艺工作座谈会上的讲话》（2014年10月15日），人民出版社2015年版，第5页。

[②] 同上书，第6页。

兴我们民族的优秀文明、优秀文化！光有生产力高度发达，没有精神世界充分发展，是不可能实现中华民族伟大复兴的。古代的优秀传统文化，五四运动新文化，革命战争年代形成的革命文化，社会主义革命、建设、改革时期的文化，我们都要总结，好的都要发扬，使之服务于实现中华民族伟大复兴的伟大事业。

二　中国特色社会主义植根的文化沃土

习近平总书记强调指出，要引导人们更加全面客观地认识当代中国、看待外部世界。宣传阐释中国特色，要讲清楚每个国家和民族的历史传统、文化积淀、基本国情不同，其发展道路必然有着自己的特色；讲清楚中华文化积淀着中华民族最深沉的精神追求，是中华民族生生不息、发展壮大的丰厚滋养；讲清楚中华优秀传统文化是中华民族的突出优势，是我们最深厚的文化软实力；讲清楚中国特色社会主义植根于中华文化沃土、反映中国人民意愿、适应中国和时代发展进步要求，有着深厚历史渊源和广泛现实基础。[①] 把中国特色社会主义与传承中华优秀传统文化相结合，突出强调中国特色社会主义在中国扎根并不断发展的思想文化基础，标志着我们党对中国特色社会主义道路、理论体系、制度的认识升华到一个新的高度，实现了我们党历史上一个重大的理论突破。

[①] 习近平：《把宣传思想工作做得更好》（2013 年 8 月 19 日），《习近平谈治国理政》，外文出版社 2014 年版，第 155—156 页。

（一）中国特色社会主义植根于中华民族的历史文化传统。任何科学的理论和制度，必须本土化才能真正起到作用。任何国家的制度设计，必须根植于自己的历史文化传统，否则就会水土不服。马克思主义也好，社会主义也好，能够在中国取得胜利，关键就是我们不断推进其中国化，紧密结合中国实际加以运用。一个国家的发展道路合不合适，只有这个国家的人民才最有发言权。我们民族无法照抄照搬任何国家的发展模式，必须尊重自己的历史文化传统，从中汲取智慧和力量，走出适合自己历史和国情的发展道路。独特的文化传统，独特的历史命运，独特的基本国情，注定了我们必然要走适合自己特点的发展道路。① 中国就是中国，历史发展和文化传统决定中国永远不可能变成别的国家或西方社会，解决中国的问题只能在中国大地上探寻适合自己的道路和办法。

（二）中国特色社会主义道路是从对中华文明的传承中走出来的。数千年来，中华民族始终走着一条不同于其他国家和民族的文明发展道路。党领导人民开辟中国特色社会主义道路不是偶然的，而是我国历史传承和文化传统决定的。② 中国的今天是从中国的昨天和前天发展而来的。实现中国梦必须走中国道路，这就是中国特色社会主义道路。这条道路来之不易，它是在改革开放40年的伟大实

---

① 习近平：《把宣传思想工作做得更好》（2013年8月19日），《习近平谈治国理政》，外文出版社2014年版，第156页。

② 习近平：《在十八届中央政治局第十八次集体学习时的讲话》（2014年10月13日），《人民日报》2014年10月14日第1版。

践中走出来的，是在中华人民共和国成立近70年的持续探索中走出来的，是在对近代以来170多年中华民族发展历程的深刻总结中走出来的，是在对中华民族5000多年悠久文明的传承中走出来的。

（三）走中国特色社会主义道路必须坚守中华民族的历史文化根基。中华优秀传统文化是我们最深厚的文化软实力，也是中国特色社会主义植根的文化沃土。每个国家和民族的历史传统、文化积淀、基本国情不同，其发展道路必然有着自己的特色。① 国内外一些别有用心的人贬低、否定、丑化我们民族文化是有目的的，他们是想从精神上把我们民族的根拔掉，让我们的人民精神上一片空白，然后可以让西方文化大行其道，为他们实施西化、分化政治战略服务。对于这一点，我们一定要看清楚，不仅不能上当，而且要积极防范、有力抵御。把老祖宗的东西都否定了，就把我们民族的历史根基给挖掉了。"如果我们的人民不能坚持在我国大地上形成和发展起来的道德价值，而不加区分、盲目地成为西方道德价值的应声虫，那就真正要提出我们的国家和民族会不会失去自己的精神独立性的问题了。如果没有自己的精神独立性，那政治、思想、文化、制度等方面的独立性就会被釜底抽薪。"② 历史是人民

---

① 习近平：《在十八届中央政治局第十八次集体学习时的讲话》（2014年10月13日），《人民日报》2014年10月14日第1版。

② 习近平：《在省部级主要领导干部学习贯彻十八届三中全会精神全面深化改革专题研讨班上的讲话》（2014年2月17日），《习近平关于全面深化改革论述摘编》，中央文献出版社2014年版，第88页。

创造的，文明也是人民创造的。中国革命的历史不能否定，近代以来中国人民斗争的历史不能否定，几千年来中华民族生生不息、发展壮大的历史及其相伴随的思想文化创造活动也不能否定。

三 中国共产党治国理政的历史镜鉴

历史虽然是过去发生的事情，但总会以这样那样的方式出现在当今人们的生活之中。习近平总书记指出："历史是最好的老师。在漫长的历史进程中，中华民族创造了独树一帜的灿烂文化，积累了丰富的治国理政经验，其中既包括升平之世社会发展进步的成功经验，也有衰乱之世社会动荡的深刻教训。我国古代主张民惟邦本、政得其民，礼法合治、德主刑辅，为政之要莫先于得人、治国先治吏，为政以德、正己修身，居安思危、改易更化，等等，这些都能给人们以重要启示。治理国家和社会，今天遇到的很多事情都可以在历史上找到影子，历史上发生过的很多事情也都可以作为今天的镜鉴。"[①]

诸子百家时代，各派思想家和政治家就对治国理政发表了许多真知灼见。《论语》《孟子》《尚书》《礼记》《周易》《春秋》《韩非子》《史记》《贞观政要》《群书治要》《资治通鉴》等大量文化典籍中，对历朝历代治国理政的成败得失有着翔实的记载，其中既包括升平之世社会

---

① 习近平：《在十八届中央政治局第十八次集体学习时的讲话》（2014年10月13日），《人民日报》2014年10月14日第1版。

发展进步的成功经验，也有衰乱之世社会动荡的深刻教训。许多治国理政的思想和经验不仅在我国古代发挥了重要作用，对世界产生了广泛影响，而且至今仍有借鉴意义。

　　一个国家的治理体系和治理能力是与这个国家的历史传承和文化传统密切相关的。习近平总书记强调："中国的今天是从中国的昨天和前天发展而来的。要治理好今天的中国，需要对我国历史和传统文化有深入了解，也需要对我国古代治国理政的探索和智慧进行积极总结。"① "橘生淮南则为橘，生于淮北则为枳。"我们推进国家治理体系和治理能力现代化，当然要学习和借鉴人类文明的一切优秀成果，但不是照搬西方政治理念和制度模式，绝不是西方化和资本主义化。否则，会水土不服，甚至会带来灾难性后果。要在吸取历史经验教训的基础上，为推进国家治理体系和治理能力现代化提供有益借鉴。从党的十八大到党的十九大，以习近平同志为核心的党中央推出的一系列治国理政的重大举措，既突出强调了党的性质宗旨和优良传统，又充分吸收借鉴了我国历史上治国理政的思想经验。

　　（一）关于民惟邦本、政得其民的思想。中国古代治国理政主张重民，如何对待"民"的问题是中国历代治国理政思想的重要内容。在中国历史上，虽然王权观念长期

---

　　① 习近平：《在十八届中央政治局第十八次集体学习时的讲话》（2014年10月13日），《人民日报》2014年10月14日第1版。

第四章 实现中华优秀传统文化的创造性转化和创新性发展

占据统治地位,但民本思想也经久不息。从先秦到明清,我们的先人从不同角度和层面阐发了民本思想。"民惟邦本,本固邦宁";"民者,君之本也";"夫霸王之所始也,以人为本。本理则国固,本乱则国危";"政之所兴,在顺民心;政之所废,在逆民心";"因民之所利而利之";"民为贵,社稷次之,君为轻";"为君之道,必须先存百姓";"为政之道,以顺民心为本,以厚民生为本,以安而不扰为本"等思想,对中国历史发展产生了重要影响。虽然由于受时代条件的限制,中国古代的民本思想不是我们今天所说的人民民主的思想,但治国理政必须关注民众、关心民生的思想,在任何时代都是通用的。从我国古代民本思想及其实践中可以得出一个重要结论,就是当政者必须重民意、谋民利,只有安民、富民、育民,一个政权才能存在下去。人心向背是决定政权兴衰的决定性力量,这是历史给予我们的深刻启示。

(二)关于礼法合治、德主刑辅的思想。法律和道德都具有规范社会行为、维护社会秩序的作用。中国古代治国理政历来强调,不仅要依靠法律和刑罚,还要重视道德教育和道德感化,使法律和道德协调运用、相辅相成。我国古代把礼和法融为一体,一方面引礼入法使道德法律化,法由惩恶而兼弼教;另一方面以法附礼,使法律道德化,出礼而入于刑。礼与法各有其用,拨乱之政以刑法为先,盛世隆平以教化为主;"禁未然之前"用礼,"施已然之后"用法;"劝善"用礼,"惩恶"用法等。孔子说:"道之以政,齐之以刑,民免而无耻;道之以德,齐之以礼,有耻且格";荀子说:"以善至者待之以礼,以不善至者待之以刑"，对道德和法律对于维护社会秩序、规范人的行为的不同作用进行了精辟论述。朱元璋基于30年治国理政实践经验提出，"礼乐者，治平之膏粱；刑政者，救弊之药石"，唯有"以德化天下"兼"明刑制具以齐之"，才能实现长治久安。综合运用法律、道德、礼仪等手段治理国家，是中国古代治国理政的创造，也是具有东方特点的治国方略。治理国家和社会，既要发挥法律的规范作用，又要发挥道德的教化作用，这也是我们从历史中得到的有益启示。

（三）关于为政之要莫先于得人、治国先治吏的思想。治国理政的主体是人。我们的先人认为，"理国以得贤为本"，要唯才是举、求贤若渴、任人唯贤。唐太宗李世民提出，要"选天下之才，为天下之务"。关于如何识别人才，中国古代也有许多独到的见解。王安石认为："欲审知其德，问以行；欲审知其才，问以言。得其言行，则试之以事。"康熙认为识别人才应该"问之于民"，"臣下之贤否，朕处深宫，何由得知？缘朕不时巡行，凡经历之地，必咨询百姓，以是知之。"关于如何选贤任能，古人提出要公道客观、不避亲仇，破除常规、不论门第，量能授官、舍短求长，用人不疑、不信谗言。所谓"外举不避仇，内举不避子"；"任人之长，不强其短；任人之工，不强其拙"；"倘君臣相疑，不能备尽肝膈，实为国之大害也"；"不拘一格降人才"等，其中的一些理念和做法至今仍不乏启迪和借鉴意义。

（四）关于为政以德、正己修身的思想。中国古代治国理政强调为政者要修身立德、从自身做起。古人明确提出"克明俊德"的主张,意思是说,如果治国者能发扬光大高尚的道德,就可以百官职守昭明,万国协调发展,天下民心和善。孔子说:"为政以德,譬如北辰,居其所而众星共之","政者,正也。子帅以正,孰敢不正?""其身正,不令而行;其身不正,虽令不从。"韩非子说:"修身洁白而行公行正,居官无私,人臣之公义也。"扬雄说:"政之本,身也。身立则政立矣。"《贞观政要》中写道:"若安天下,必须先正其身,未有身正而影曲,上治而下乱者。"就是说,只有品行高尚、身体力行的人,才能做到为官不偏私、政恭亲民,秉公谋断。中国历史上,勤于政事的帝王不乏其人,清官廉吏也不胜枚举。古代先贤们的上述"金玉良言"对今天的人们特别是领导干部具有非常深刻的借鉴意义。

(五)关于居安思危、改易更化的思想。中国古代治国理政历来强调,要有居安思危的忧患意识。"安而不忘危,存而不忘亡,治而不忘乱","生于忧患而死于安乐","安者非一日而安也,危者非一日而危也","君子于安思危,于治忧乱",等等。基于这样一些认识,中国历代贤明的政治家和思想家,都十分强调居安思危,见微知著,对于各种潜在的威胁保持戒备,预为防范。"思则有备,有备无患。"老子告诫说,要"为之于未有,治之于未乱",应当说揭示了事物发展的普遍性规律。此外,中国古代治国理政注重兴利除弊、革故鼎新,要求人们根据形势变化进行自我调整和完善,以便振衰起弊、因时而变。"当时而立法,因事而制礼。""随时以举事,因资而立功。""皆随时而变,因俗而动。""苟日新,日日新,又日新。"中国历史上变法很多，比较著名的有商鞅变法、王安石变法、张居正变法等。观大势所趋、人心向背，不断进行变革，是中国古代治国理政中一个很重要的战略思想。

四 涵养社会主义核心价值观的重要源泉

价值观是人类在认识、改造自然和社会的过程中产生与发挥作用的。不同民族、不同国家由于其自然条件和发展历程不同，产生和形成的核心价值观也各有特点。习近平总书记指出，人类社会发展的历史表明，对一个民族、一个国家来说，最持久、最深层的力量是全社会共同认可的核心价值观。核心价值观承载着一个民族、一个国家的精神追求，体现着一个社会评判是非曲直的价值标准。一个民族、一个国家的核心价值观必须同这个民族、这个国家的历史文化相契合，同这个民族、这个国家的人民正在进行的奋斗相结合，同这个民族、这个国家需要解决的时代问题相适应。"我们生而为中国人，最根本的是我们有中国人的独特精神世界，有百姓日用而不觉的价值观。"①

习近平总书记强调，我们提倡的社会主义核心价值观，充分体现了对中华优秀传统文化的传承和升华，寄托着近代以来中国人民上下求索、历经千辛万苦确立的理想和信念，反映着全国各族人民共同认同的价值观"最大公约数"。只要是中国人，就应该自觉培育和践行社会主义

---

① 习近平：《青年要自觉践行社会主义核心价值观——在北京大学师生座谈会上的讲话》（2014年5月4日），人民出版社2014年版，第8页。

第四章 实现中华优秀传统文化的创造性转化和创新性发展

核心价值观。习近平总书记的一系列重要论述,深刻揭示了中华优秀传统文化与社会主义核心价值观的内在联系,深刻阐明了中华优秀传统文化对培育和践行社会主义核心价值观的重要意义。

(一) 中华优秀传统文化是培育和弘扬社会主义核心价值观的立足点。一个民族、一个国家,必须知道自己是谁,是从哪里来的,要到哪里去,想明白了、想对了,才能坚定不移朝着目标前进。习近平总书记指出:"培育和弘扬社会主义核心价值观必须立足中华优秀传统文化。牢固的核心价值观,都有其固有的根本。抛弃传统、丢掉根本,就等于割断了自己的精神命脉。博大精深的中华优秀传统文化是我们在世界文化激荡中站稳脚跟的根基。中华文化源远流长,积淀着中华民族最深层的精神追求,代表着中华民族独特的精神标识,为中华民族生生不息、发展壮大提供了丰厚滋养。""不忘本来才能开辟未来,善于继承才能更好创新。对历史文化特别是先人传承下来的价值理念和道德规范,要坚持古为今用、推陈出新,有鉴别地加以对待,有扬弃地予以继承,努力用中华民族创造的一切精神财富来以文化人、以文育人。"①

中华文明绵延数千年,有其独特的价值体系。博大精深的中华优秀传统文化已经成为中华民族的基因,植根在中国人内心,潜移默化影响着中国人的思想方式和行为方

---

① 习近平:《培育和弘扬社会主义核心价值观》(2014年2月24日),《习近平谈治国理政》,外文出版社2014年版,第163—164页。

式。今天，提倡和弘扬社会主义核心价值观，必须立足中华优秀传统文化，从中汲取丰富营养，否则就不会有生命力和影响力。① 要认真汲取中华优秀传统文化的思想精华和道德精髓，大力弘扬以爱国主义为核心的民族精神和以改革创新为核心的时代精神，深入挖掘和阐发中华优秀传统文化讲仁爱、重民本、守诚信、崇正义、尚和合、求大同的时代价值，使中华优秀传统文化成为涵养社会主义核心价值观的重要源泉。②

（二）中华优秀传统文化是社会主义核心价值观植根的深厚沃土。不同民族、不同国家由于其自然条件和发展历程不同，产生和形成的核心价值观也各有特点。要讲清楚中华优秀传统文化的历史渊源、发展脉络、基本走向，讲清楚中华文化的独特创造、价值理念、鲜明特色，增强文化自信和价值观自信。③ 社会主义核心价值观扎根于中华优秀传统文化的深厚沃土，离开优秀传统文化的滋养，社会主义核心价值观将变成无源之水、无本之木。

中国古代历来讲格物致知、诚意正心、修身齐家、治国平天下。从某种角度看，格物致知、诚意正心、修身是个人层面的要求，齐家是社会层面的要求，治国平天下是国家层面的要求。我们提出的富强、民主、文明、

---

① 习近平：《青年要自觉践行社会主义核心价值观——在北京大学师生座谈会上的讲话》（2014年5月4日），人民出版社2014年版，第7页。

② 习近平：《培育和弘扬社会主义核心价值观》（2014年2月24日），《习近平谈治国理政》，外文出版社2014年版，第164页。

③ 同上。

和谐,自由、平等、公正、法治,爱国、敬业、诚信、友善的社会主义核心价值观,把涉及国家、社会、公民的价值要求融为一体,既体现了社会主义本质要求,继承了中华优秀传统文化,也吸收了世界文明有益成果,体现了时代精神。[1]

(三)中华优秀传统文化是涵养社会主义核心价值观的重要源泉。习近平总书记指出:"中华优秀传统文化是中华民族的精神命脉,是涵养社会主义核心价值观的重要源泉,也是我们在世界文化激荡中站稳脚跟的坚实根基。"[2] 中华文明绵延数千年,中国人看待世界、看待社会、看待人生,有其独特的价值体系。今天,我们提倡和弘扬社会主义核心价值观,要利用好中华优秀传统文化蕴含的丰富思想道德资源,认真汲取中华优秀传统文化的思想精华和道德精髓,深入挖掘和阐发中华优秀传统文化讲仁爱、重民本、守诚信、崇正义、尚和合、求大同的时代价值,使其成为涵养社会主义核心价值观的重要源泉。古人所说的"先天下之忧而忧,后天下之乐而乐"的政治抱负,"位卑未敢忘忧国""苟利国家生死以,岂因祸福避趋之"的报国情怀,"富贵不能淫,贫贱不能移,威武不能屈"的浩然正气,"人生自古谁无死,留取丹心照汗青""鞠躬尽瘁,死而后已"的献身

---

[1] 习近平:《青年要自觉践行社会主义核心价值观——在北京大学师生座谈会上的讲话》(2014年5月4日),人民出版社2014年版,第5页。

[2] 习近平:《在文艺工作座谈会上的讲话》(2014年10月15日),人民出版社2015年版,第25页。

精神等，都体现了中华民族的优秀传统文化和民族精神，我们都应该继承和发扬。

五 党和国家外交理念、外交政策创新的重要思想来源

党的十八大以来，习近平总书记不仅在国内事务的治理中重视吸取和运用中华优秀传统文化的精华，而且还善于用中华优秀传统文化的思想来把握时代特征，用中华优秀传统文化的智慧来把握世界大势，用中华优秀传统文化的理念来指导中国对外政策的理论与实践，先后提出践行正确义利观，推动构建以合作共赢为核心的新型国际关系、打造人类命运共同体，打造遍布全球的伙伴关系网络，倡导共同、综合、合作、可持续的安全观等理念，得到国际社会广泛欢迎。中华优秀传统文化已经成为党和国家创新外交理念和外交政策的一个重要思想来源。

（一）中华优秀传统文化蕴含着丰富的处理国际关系的基本理念。习近平总书记指出："一个民族最深沉的精神追求，一定要在其薪火相传的民族精神中来进行基因测序。"[①] 中华民族是爱好和平的民族。有着5000多年的文明史，始终崇尚和平，对和平、和睦、和谐的追求深深植根于中华民族的精神世界之中，深深融化在中国人民的血

[①] 习近平：《在德国科尔伯基金会的演讲》（2014年3月28日），《人民日报》2014年3月30日第2版；参见《习近平谈治国理政》，外文出版社2014年版，第265页。

脉之中。中华文化崇尚和谐，中华民族爱好和平，与其他民族和睦相处。中国"和"文化源远流长，蕴含着天人合一的宇宙观、协和万邦的国际观、和而不同的社会观、人心和善的道德观。爱好和平的思想深深嵌入了中华民族的精神世界，深深融化在中国人民的血脉之中，深深体现在中国人的行为上，今天依然是中国处理国际关系的基本理念。中国自古就提出了"国虽大，好战必亡"的箴言。"以和为贵""和而不同""化干戈为玉帛""国泰民安""睦邻友邦""协和万邦""亲仁善邻，国之宝也""四海之内皆兄弟也""远亲不如近邻""亲望亲好，邻望邻好""天下太平""天下大同""己所不欲、勿施于人"等理念世代相传，今天依然是中国处理国际关系的基本理念。中国历史上曾经长期是世界上最强大的国家之一，但没有留下殖民和侵略他国的记录。中国坚持走和平发展道路，是对几千年来中华民族热爱和平的文化传统的继承和发扬。①

（二）构建人类命运共同体是解决当今人类难题的中国答案。习近平总书记指出："中国共产党是为中国人民谋幸福的政党，也是为人类进步事业而奋斗的政党。中国共产党始终把为人类作出新的更大的贡献作为自己的使命。"② 党的十八大以来，以习近平同志为核心的党中央倡

---

① 习近平：《在德国科尔伯基金会的演讲》（2014年3月28日），《人民日报》2014年3月30日第2版；参见《习近平谈治国理政》，外文出版社2014年版，第265页。

② 习近平：《决胜全面建成小康社会 夺取新时代中国特色社会主义伟大胜利——在中国共产党第十九次全国代表大会上的报告》（2017年10月18日），人民出版社2017年版，第57—58页。

> 建设新时代社会主义文化强国

导构建人类命运共同体，促进全球治理体系变革，中国国际影响力、感召力、塑造力进一步提高，为世界和平与发展作出了新的重大贡献。习近平总书记多次强调，在当今国际形势下，各国之间已然形成了"一荣俱荣，一损俱损"的连带效应，"没有哪个国家能够独自应对人类面临的各种挑战，也没有哪个国家能够退回到自我封闭的孤岛"[1]。"国家无论大小、强弱、贫富，都应该做和平的维护者和促进者，不能这边搭台、那边拆台，而应该相互补台、好戏连台"；不能"各家自扫门前雪，莫管他人瓦上霜"，而应实现合作共赢。人类共同生活在一个地球村，共同面临着许多突出的难题，应该树立牢固的命运共同体意识。"合则强，孤则弱。""合抱之木，生于毫末；九层之台，起于累土。"各国要以"海纳百川，有容乃大"的胸襟实现相互合作、共同发展。在党的十九大上，习近平总书记再次呼吁，各国人民同心协力，构建人类命运共同体，建设持久和平、普遍安全、共同繁荣、开放包容、清洁美丽的世界[2]，共同创造人类的美好未来。正如世界上不少政治家和专家学者所认为的，中国正日益成为一个全球性的领导者，因为它为不明朗的全球经济和充满冲突的政治现状提供了解决方法。可以说，构建人类命运共同体是解决当今人类难题的中国钥匙，是重塑全球治理体系的

---

[1] 习近平：《决胜全面建成小康社会 夺取新时代中国特色社会主义伟大胜利——在中国共产党第十九次全国代表大会上的报告》（2017年10月18日），人民出版社2017年版，第58页。

[2] 同上书，第58—59页。

中国方案,标志着我们党关于时代和世界观念的重大转变。习近平总书记在国际舞台上提出的中国关于全球治理的主张及方案,代表和传播着中国的声音,引起国际社会的强烈共鸣。

(三) 中华传统义利观是新型国家利益观的理论基础。重义轻利、先义后利、取利有道,是中华民族数千年来一以贯之的道德准则和行为规范。中华民族的先人讲:"国不以利为利,以义为利也","计利当计天下利"。在国际合作中,我们要注重利,更要注重义。中华民族历来主张"君子义以为质",强调"不义而富且贵,于我如浮云"。"在国际关系中,要妥善处理义和利的关系。政治上,要遵守国际法和国际关系基本原则,秉持公道正义,坚持平等相待。经济上,要立足全局、放眼长远,坚持互利共赢、共同发展,既要让自己过得好,也要让别人过得好。"在处理国际关系时必须摒弃过时的零和思维,不能只追求你少我多、损人利己,更不能搞你输我赢、一家通吃。只有义利兼顾才能义利兼得,只有义利平衡才能义利共赢。①

在2014年11月召开的中央外事工作会议上,习近平总书记强调,在国际合作中,要坚持正确义利观,做到义利兼顾,要讲信义、重情义、扬正义、树道义。要做好对外援助工作,真正做到"弘义融利"。特别是对那

---

① 习近平:《共创中韩合作未来 同襄亚洲振兴繁荣——在韩国国立首尔大学的演讲》(2014年7月4日),《人民日报》2014年7月5日第2版。

些与中国长期友好而自身发展任务艰巨的周边和发展中国家，要更多地考虑到对方利益，注意多予少取，绝不损人利己，以邻为壑，如此才能实现良性互动，共同发展。2016年4月，在主持十八届中央政治局第三十一次集体学习时，习近平总书记指出："我们要在发展自身利益的同时，更多考虑和照顾其他国家利益。要坚持正确义利观，以义为先、义利并举，不急功近利，不搞短期行为。要统筹我国同沿线国家的共同利益和具有差异性的利益关切，寻找更多利益交汇点，调动沿线国家积极性。"① 当然，决不能放弃我们的正当权益，决不能牺牲国家核心利益。习近平总书记多次向世界宣示：中国决不会以牺牲别国利益为代价来发展自己，也决不放弃自己的正当权益。任何国家不要指望中国拿自己的核心利益做交易，任何国家不要幻想中国吞下损害自身主权、安全、发展利益的苦果。

（四）中华民族的地位和影响依靠的是文化的强大感召力和吸引力。在接受美国《赫芬顿邮报》子报《世界邮报》创刊号专访时，习近平总书记指出："我们都应该努力避免陷入'修昔底德陷阱'，强国只能追求霸权的主张不适用于中国，中国没有实施这种行动的基因。"② 2013年访问美国时，习近平总书记再次强调："世界上本无

---

① 习近平：《推进"一带一路"建设，努力拓展改革发展新空间》（2016年4月29日），《习近平谈治国理政》第2卷，外文出版社2017年版，第501页。

② 申孟哲：《大国如何避免"修昔底德陷阱"？》，《人民日报》（海外版）2015年11月27日第16版。

第四章　实现中华优秀传统文化的创造性转化和创新性发展

'修昔底德陷阱'，但大国之间一再发生战略误判，就可能自己给自己造成'修昔底德陷阱'。"只要秉持包容精神，就不存在什么"文明冲突"，就可以实现文明和谐。中国历史上曾经长期是世界上最强大的国家之一，但没有留下殖民和侵略他国的记录。古往今来，中华民族之所以在世界有地位、有影响，不是靠穷兵黩武，不是靠对外扩张，而是靠中华文化的强大感召力和吸引力。我们的先人早就认识到"远人不服，则修文德以来之"的道理。阐释中华民族禀赋、中华民族特点、中华民族精神，以德服人、以文化人是其中很重要的一个方面。① 中华民族的血液中没有侵略他人、称霸世界的基因，中国人民也不接受"国强必霸"的逻辑。

第三节　以科学态度对待中华传统文化

习近平总书记在一系列重要论述中，明确提出了对待中华传统文化应有的科学态度，进一步丰富和发展了我们党长期坚持的对待传统文化的基本方针。他强调，怎样对待本国历史，怎样对待本国传统文化，这是任何一个国家在实现现代化过程中都必须解决好的问题。历史虽然是过去发生的事情，但总会以这样那样的方式出现在当今人们的生活之中。中国传统思想文化根源在社会生活本身，是人们思想观念、风俗习惯、生活方式、情感样式的集中表

---

① 习近平：《在文艺工作座谈会上的讲话》（2014年10月15日），人民出版社2015年版，第3页。

达。要对传统文化进行科学分析，对有益的东西、好的东西予以继承和发扬，对负面的、不好的东西加以抵御和克服，取其精华、去其糟粕，而不能采取全盘接受或者全盘抛弃的绝对主义态度。要处理好继承和发展的关系，重点做好创造性转化和创新性发展。①

一 重视借鉴和运用历史经验是中国共产党的优良传统

历史是一个民族、一个国家形成、发展及其盛衰兴亡的真实记录，是前人的"百科全书"，即前人各种知识、经验和智慧的总汇。历史是从昨天走到今天再走向明天，历史的联系是不可能割断的，人们总是在继承前人的基础上向前发展的。古今中外，概莫能外。② 今天世界遇到的很多事情可以在历史上找到影子，历史上发生的很多事情也可以作为今天的镜鉴。重视历史、研究历史、借鉴历史，可以给人类带来很多了解昨天、把握今天、开创明天的智慧。所以说，历史是人类最好的老师。中国共产党自成立之日起，就既是中华优秀传统文化的忠实传承者和弘扬者，又是中国先进文化的积极倡导者和发展者。中华优秀传统文化的养分已深深浸润于我们

---

① 习近平：《在十八届中央政治局第十八次集体学习时的讲话》（2014年10月13日），《人民日报》2014年10月14日第1版。

② 习近平：《领导干部要读点历史——在中央党校2011年秋季学期开学典礼上的讲话》（2011年9月1日），《学习时报》2011年9月5日第1版。

第四章　实现中华优秀传统文化的创造性转化和创新性发展

党的血脉之中。重视对历史的学习和对历史经验的总结与运用，善于从不断认识和把握历史规律中找到前进的正确方向和道路，是我们党90多年来之所以能够领导中国革命、建设、改革不断取得胜利的一个重要原因。① "以史为镜可以知兴替。"这是几千年前的人们都明白的道理。中国共产党人更要牢记历史经验、牢记历史教训、牢记历史警示。②

二　对中华文明要多一份尊重、多一份思考

不忘本来才能开辟未来，善于继承才能更好创新。当代中国是历史中国的延续和发展，当代中国思想文化也是中国传统思想文化的传承和升华。要认识今天的中国、今天的中国人，就要深入了解中国的文化血脉，准确把握滋养中国人的文化土壤。脱离了中国的历史、脱离了中国的文化、脱离了中国人的精神世界、脱离了当代中国的深刻变革，是难以正确认识中国的。历史是人民创造的，文明也是人民创造的。对绵延5000多年的中华文明，我们应该多一份尊重，多一份思考。③ 不能简单以西方理论和方法为标尺，去简单比照衡量中国历史发展，把中国古代史

---

① 习近平：《领导干部要读点历史——在中央党校2011年秋季学期开学典礼上的讲话》（2011年9月1日），《学习时报》2011年9月5日第1版。

② 习近平：《在十八届中央政治局第十八次集体学习时的讲话》（2014年10月13日），参见《人民日报》2014年10月14日第1版。

③ 同上。

与所谓"专制""黑暗"画等号,把中国古代政治文明发展进程中积累的成功经验和有益做法一概视为落后、僵化、腐朽、过时的东西而弃如敝屣,因为这不是历史唯物主义的态度。中国共产党人是马克思主义者,坚持马克思主义的科学学说,坚持和发展中国特色社会主义,但中国共产党人不是历史虚无主义者,也不是文化虚无主义者,我们不能数典忘祖、妄自菲薄。只有坚持从历史走向未来,从延续民族文化血脉中开拓前进,我们才能做好今天的事业。

三 坚持有鉴别地对待和有扬弃地继承

传统文化在其形成和发展过程中,不可避免会受到当时人们的认识水平、时代条件、社会制度的局限性的制约和影响,因而也不可避免会存在陈旧过时或已成为糟粕性的东西。[①] 对待传统文化特别是先人传承下来的价值理念和道德规范,既不能片面地讲厚古薄今,也不能片面地讲厚今薄古,更不能采取全盘接受或者全盘抛弃的绝对主义态度。要坚持马克思主义的方法,采取马克思主义的态度,坚持古为今用、推陈出新,有鉴别地加以对待,有扬弃地予以继承,"择其善者而从之,其不善者而去之"。对存在合理内核又具有旧时代要素的内容,要取其精华、去其糟粕;对明显不符合当今时代要求的

---

① 习近平:《在纪念孔子诞辰2565周年国际学术研讨会暨国际儒学联合会第五届会员大会开幕会上的讲话》(2014年9月24日),人民出版社2014年版,第11页。

内容，要加以扬弃。

四　关键在于创造性转化和创新性发展

中华优秀传统文化与社会主义市场经济、民主政治、先进文化、社会治理等还存在需要协调适应的地方。弘扬中华优秀传统文化，要处理好继承和发展的关系，重点做好创造性转化和创新性发展，使之与现实文化相融相通，共同服务以文化人的时代任务。创造性转化，就是要按照时代特点和要求，对那些至今仍有借鉴价值的内涵和陈旧的表现形式加以改造，赋予其新的时代内涵和现代表达形式，激活其生命力。创新性发展，就是要按照时代的新进步新进展，对中华优秀传统文化的内涵加以补充、拓展、完善，增强其影响力和感召力。要善于把弘扬优秀传统文化和发展现实文化有机统一起来，紧密结合起来，在继承中发展，在发展中继承。民族文化是一个民族区别于其他民族的独特标识。要加强对中国优秀传统文化的挖掘和阐发，努力实现中华传统美德的创造性转化、创新性发展，把跨越时空、超越国度、富有永恒魅力、具有当代价值的文化精神弘扬起来，把继承优秀传统文化又弘扬时代精神、立足本国又面向世界的当代中国文化创新成果传播出去。①

---

① 习近平：《不断提高运用中国特色社会主义制度有效治理国家的能力》（2014年2月17日），《习近平谈治国理政》，外文出版社2014年版，第105—106页。

五　正确对待其他国家和民族的优秀文明成果

传承和弘扬中华优秀传统文化，并不意味着故步自封，闭上眼睛不看世界；不是要搞自我封闭，更不是要搞唯我独尊、"只此一家，别无分店"。中华民族是一个兼容并蓄、海纳百川的民族，在漫长的历史进程中，不断学习他人的好东西，把他人的好东西化成自己的东西，这才形成我们的民族特色。[①] 文明因交流而多彩，文明因互鉴而丰富。我们要珍惜和维护自己的思想文化，也要承认和尊重别国别民族的思想文化。对各国人民创造的优秀文明成果，都应该采取学习借鉴的态度，都应该积极吸纳其中的有益成分。要坚持从本国本民族实际出发，坚持取长补短、择善而从，讲求兼收并蓄，在不断汲取各种文明养分中丰富和发展中华文化。不同国家、民族的思想文化各有千秋，只有姹紫嫣红之别，而无高低优劣之分。每个国家、每个民族不分强弱、不分大小，其思想文化都应该得到承认和尊重。

习近平总书记关于传承和弘扬中华优秀传统文化的一系列重要论断，立足于中国特色社会主义的伟大实践，贯穿着马克思主义辩证唯物主义和历史唯物主义基本观点，为我们党治国理政、经世安邦注入了新的时代内涵。习近

---

① 习近平：《不断提高运用中国特色社会主义制度有效治理国家的能力》（2014年2月17日），《习近平谈治国理政》，外文出版社2014年版，第105—106页。

第四章　实现中华优秀传统文化的创造性转化和创新性发展

平总书记强调,在实现中华民族伟大复兴中国梦的进程中,要把坚持马克思主义指导与中华优秀传统文化涵养有机结合起来;实现"两个一百年"奋斗目标、实现中华民族伟大复兴的中国梦,需要充分发挥全党全国各族人民今天所具有的伟大智慧,也需要充分运用中华民族5000多年来积累的伟大智慧;中华民族的历史智慧是中国人民世世代代形成和积累的,我们要总结发扬,使之服务于实现中华民族伟大复兴的伟大事业;"中国梦"所寄托的理想和价值观深深植根于中国优秀传统文化沃土之中,既充分体现了今天中国人的理想,也全面反映了我们的先人不懈追求进步的光荣传统;使用"小康"这个概念来确立中国的发展目标,既符合中国发展实际,也容易得到最广大人民的理解和支持;我们党既是中华优秀传统文化的忠实继承者和弘扬者,又是中国先进文化的积极倡导者和发展者;要在推进马克思主义与中国优秀传统文化结合中实现中国化,让中国化的马克思主义指导中华传统文化的发展和创新。这些重要论断,为发挥中国共产党人在传承创新中华优秀传统文化中的引领作用,推动马克思主义与中华优秀传统文化在新的时代条件下的结合,巩固马克思主义在意识形态领域的指导地位,提供了有力的思想理论支撑。正是在继承中华优秀传统文化的基础上,我们党带领人民成功走出了一条强国富民的正确道路——中国特色社会主义道路,实现了马克思主义中国化的两次理论飞跃。习近平新时代中国特色社会主义思想,既坚持了科学社会主义的基本原理,又与中国具体实际和中华优秀传统文化相结合,充分体现出其深厚的历史文化渊源。随着全面建成小康社会、实现"两个一百年"奋斗目标和中华民族伟大复兴中国梦的不断深入，以习近平同志为核心的党中央必将实现马克思主义中国化新的理论飞跃，其理论创新成果也一定会闪耀着中华优秀传统文化的更加夺目的光辉。

第五章

牢牢掌握意识形态工作领导权、管理权、话语权

意识形态是社会中与经济、政治直接相联系的观念、思想、态度的总和。它包括了社会中的多种意识形式或制度安排，如政治法律思想、道德伦理、艺术、宗教、哲学等，它们是在社会价值观的渗透与影响下，使人们行为方式合理化的各种知识、习惯、准则和行为规范。意识形态从本质上来说，是一个社会经济基础和政治制度发展水平的体现。马克思指出："思想、观念、意识的生产最初是直接与人们的物质活动，与人们的物质交往，与现实生活的语言交织在一起的。人们想象、思维、精神交往在这里还是人们物质行动的直接产物。表现在某一民族的政治、法律、道德、宗教、形而上学等等的生产者……意识在任何时候都只能是被意识到了的存在，而人们的存在就是他们的现实生活过程。"[①] 意识形态是国家特性的重要表现形式，是一国区别于他国的标志之一。它不仅深刻地反映着

[①] 《马克思恩格斯选集》第1卷，人民出版社1995年版，第72页。

一个国家经济政治发展的整体面貌，而且它也为一个国家提供区分是非、好坏或善恶的标准，程度不同地影响到国家利益的判断，并最终成为国家利益的组成部分。在经济全球化的背景下，意识形态不仅是民族自立与承续的灵魂，同时也是决定一个社会是否能够有序运行的"软件"，决定一个社会的基本状态，引领一个国家与民族的发展方向。只有保住本国的意识形态，才能保持住自信与尊严，国家才能发展，才有国家利益可言。文化是意识形态的表现形式。在世界上，经济全球化的发展表现出不同民族与国家通过文化，在意识形态方面的相互激荡斗争，并呈现出意识形态载体和意识形态传播多样化的诸多特点。

中华民族正在实现中华民族伟大复兴中国梦的伟大征途中昂首阔步，进行着具有许多新的历史特点的伟大斗争，面临的挑战和困难前所未有，必须坚持巩固壮大主流思想舆论，弘扬主旋律，传播正能量，激发全社会团结奋进的强大力量。习近平总书记紧紧围绕坚持和发展中国特色社会主义，站在党和国家全局高度，对意识形态工作作出一系列重要论述，提出一系列新思想、新观点、新论断，深刻阐明了意识形态工作"为什么""干什么""怎么干"的基本问题，为做好新形势下意识形态工作提供了基本遵循和科学指南。

第一节　意识形态工作极端重要

意识形态是国家经济政治制度在观念体系和文化领域的集中体现，意识形态工作是国家治理和政治运行的重要内

第五章　牢牢掌握意识形态工作领导权、管理权、话语权

容。对于当代中国而言，意识形态工作是建设中国特色社会主义文化强国战略的重要组成部分，它关乎经济社会发展的和谐稳定，关乎国家的民心向背以及文化软实力的提升。改革开放40年来，党和政府高度重视意识形态工作，党的十八大以来，习近平总书记以战略家的高度，结合国际国内的复杂形势，多次强调了意识形态工作的重要性和紧迫性，形成了对当前思想文化领域建设的科学判断。

一　当前意识形态工作面临的问题和挑战

从全球发展的大格局来看，意识形态问题是我国社会发展的思想基础与理论前提。意识形态体现的是国家发展的旗帜与道路，古今中外，各个历史时期，不同国家与民族都有着自己的主流意识形态。在经济全球化、世界多极化发展趋势下，国际形势日趋复杂，思想文化领域的交流、交融和交锋不断呈现出新的特征，伴随着世界信息化水平不断提高，新媒体技术日新月异，这些都使得我国的意识形态问题不断凸显出来。习近平总书记对此特别强调，"只要国内外大势没有发生根本变化，坚持以经济建设为中心就不能也不应该改变。这是坚持党的基本路线100年不动摇的根本要求，也是解决当代中国一切问题的根本要求。同时，只有物质文明建设和精神文明建设都搞好，国家物质力量和精神力量都增强，全国各族人民物质生活和精神生活都改善，中国特色社会主义事业才能顺利向前推进"[①]。

---

① 习近平：《把宣传思想工作做得更好》（2013年8月19日），《习近平谈治国理政》，外文出版社2014年版，第153页。

建设新时代社会主义文化强国

改革开放以来，我国面临着一系列思想文化领域的挑战，意识形态安全成了最重要的方面，改革初期我国经济体制从计划经济转向市场经济，人心观念也随之发生着改变，人生追求、政治价值、经济发展、文化传承等方面的不良观念消解并腐蚀着国家构建的主流社会主义意识形态，如果纵容其发展下去，必然会损害中国特色社会主义事业的发展，最终损害人民的根本利益。

习近平总书记在2013年8月召开的全国宣传思想工作会议上特别指出，意识形态工作是党的一项极端重要的工作。习近平总书记的这一判断是基于我国发展的具体现实而提出的，当前社会主义主流意识形态淡化，错误观念不断弥漫，不良思想时有抬头，这极大地危害了中国特色社会主义事业的健康发展，不能不引起党和国家的高度重视。关于思想文化领域的这些问题，主要体现在以下几个方面。

其一，是马克思主义理论地位的弱化。改革开放以来，以经济建设为中心的党的基本路线的确立不断地强化了人们的经济意识，社会财富的增长也刺激了人们对物质利益的追求，重物质轻精神、重经济轻文化、重科技轻人文、重个体轻集体，导致以个人主义、拜金主义、消费主义为特征的利益观和价值观开始泛滥，不少人开始动摇和质疑马克思主义的信仰，甚至轻视乃至抵制马克思主义，思想文化领域的错误观念导致了信念的动摇和不坚定，这直接影响了整个社会物质文明和精神文明的协调发展，如果不加以正确的引导，必然会阻碍中国特色社会主义事业的顺利发展。

其二，是西方错误思潮的影响。改革开放以来，我国与世界的交往日益密切，我国在世界发展中扮演了越来越重要的角色，开放的过程必然伴随着思想文化的碰撞，各种社会发展观念与思潮不断涌入我国，影响着我国人民的内心世界和价值判断。在各种思想观念中，一些错误思潮带来了负面的影响，其中新自由主义作为经济制度在观念层面的反映，对意识形态领域的影响最大。新自由主义本质上是维护资本主义和私有制发展的意识形态，并且旗帜鲜明地反对社会主义、集体主义以及公有制，它在经济层面上倡导社会全面私有化以及经济绝对自由化，在政治层面上力主否定社会主义制度以及国家干预，这些都是与我国的主流意识形态相违背的。

其三，是社会主义价值观的缺失。我国发展市场经济取得了重大的成就，与此同时，一些人难免会出现很多思想上的偏差和误区，物质金钱的巨大诱惑，消费主义、享乐主义不断盛行，追求眼前利益，忽略长远价值，整个社会时有见利忘义、虚假欺骗、权钱交易、奢侈浪费等现象发生，社会主义所提倡的诚信、友善、节俭、奉献等价值观被人淡忘，理想信念模糊，个人追求迷茫，社会主义的价值观和道德观受到了重大的冲击。

以上的三个方面突出反映了当前我国意识形态工作中的主要问题，历史唯物主义告诉我们，意识形态对社会存在和经济基础具有重大的反作用，不良思潮和错误观念势必会阻碍中国特色社会主义事业的发展，危害到中国共产党的执政基础和人民当家做主的根本地位。与此同时，意识形态的问题背后是中国经济社会发展所面临的一系列严峻挑战,这是中国现代化建设事业进入新的历史阶段,在世界和平与发展的大背景下必然要应对的局面。

首先是如何有效应对市场化带来的巨大转变。党的十四大正式确立了社会主义市场经济体制,市场化的改革冲击着传统的意识形态,消解和改变着人们的价值观念、生活方式以及行为准则,一方面市场化进程提高了资源配置的效率,激发了经济建设的活力,培养了人们竞争和进取的精神;另一方面也给精神文明的建设提出了重大的挑战,如何处理好经济意识提升和社会道德滑坡之间的关系,如何处理好物质私利和社会公义之间的关系等都成为当前应着力解决的重要问题。

其次是如何正确应对多元文化带来的重要影响。放眼世界,不同的国家和民族都有着自身发展的路径,并展现出不同的发展特色和文化形态,随着经贸往来和国际交往的日益频繁,世界不同国家民族之间的文化交流不断增多,以美国为首的西方发达国家并没有停止意识形态领域的外攻,并将自己的政治价值理念以"普世价值"的面目进行世界范围内的兜售,企图在思想文化领域中抢夺话语权和领导权,为最终实现自身的世界利益奠定广泛的社会心理基础。所以,在当今文化已成为意识形态的重要载体的前提下,西方国家为了有效输出其思想价值观念,不断利用先进的科技手段和信息技术,抢占我国的思想文化市场,借以推行文化价值的输出战略,这样必然会导致社会多元价值观的出现和马克思主义主流意识形态淡化的危害。

最后是如何合理应对全球化的世界发展趋势。全球化是 20 世纪 80 年代以来在全世界范围内出现的发展趋势,

第五章　牢牢掌握意识形态工作领导权、管理权、话语权

它是以弱化"国家边界"和"地缘限制",以经济的互相合作和密切依赖为核心,在政治、文化、科技、军事、安全、生活方式、意识形态、价值观念等各个层面、多个领域的相互联系、相互影响、相互制约的综合性概念。当今的全球化是在以美国为主的西方国家主导下的一种国际秩序的全球化,经济全球化迫使各国的交往、联系更加频繁、更加紧密,在经济开放、交流的过程中,西方强大的经济优势带来其在文化上的伸张,消解着我国的主流意识形态,使得国内部分民众民族认同感下降、国家意识淡薄。与此同时,以新兴网络信息技术为基础的信息全球化也在改变着意识形态阵地争夺的方式和手段。在这样的形势下,如何推进社会主义精神文明建设,促进思想文化领域的健康发展,维护国家意识形态安全成了当前我国意识形态工作面临的重大挑战。

二　意识形态工作的实践基础和现实前提

正确理解当代中国的意识形态问题,关键在于深刻认识到"极端重要"这一战略定位,该定位是对当前意识形态工作的现实基础的科学判断,是今后一段时期文化建设和思想宣传的基本遵循和价值目标。习近平总书记在全国思想宣传工作会议上的讲话中强调:"经济建设是党的中心工作,意识形态工作是党的一项极端重要的工作。"[①] 此后,习近平总书记再次指出:"意识形态关

[①] 习近平:《把宣传思想工作做得更好》(2013年8月19日),《习近平谈治国理政》,外文出版社2014年版,第153页。

建设新时代社会主义文化强国

乎旗帜、关乎道路、关乎国家政治安全。"① 中国特色社会主义事业的发展正面临着前所未有的国际国内的复杂形势，"极端重要"的战略定位主要包括以下几个方面的基础和前提。

第一，意识形态问题将会长期存在，并会成为思想文化领域中的突出问题。20世纪90年代，随着东欧剧变和苏联解体，全世界的社会主义运动陷入低潮，西方在欢呼雀跃整个世界格局的转变，一时间关于"意识形态终结""意识形态趋同"等论调不断响起，似乎以美国等发达国家为模板的经济发展方式和政治组织原则成为全世界的教科书和模板，并且在全世界范围内获得了众多的拥趸和应和，这种观念在随着中国学习借鉴西方的浪潮中被传入，很多国人如果不加以认真思考和仔细甄别，就很容易被其光鲜的外表给迷惑。事实上，随着新兴媒体和信息技术的不断发展，这种观念呈现出蔓延之势，在中国的思想文化领域产生了长期且负面的影响，必须引起高度的关注和重视，否则必将导致思想文化的灾难。就其本质而言，意识形态作为国家的主流观念体系是无法实现全世界趋同的，在现实中也根本无法找到两个文化基础和现实利益完全一致的国家，事实上，鼓吹"意识形态终结"的人往往是美国等发达国家"文化霸权主义"的支持者，他们试图诱导和威逼大众相信并接受他们的发展模式。然而，纵观整个当代世界发展趋势，每个国家和民族都有选择适合自身发

---

① 习近平：《习近平关于社会主义文化建设论述摘编》，中央文献出版社2017年版，第35—36页。

第五章　牢牢掌握意识形态工作领导权、管理权、话语权

展的道路的权利，每一种道路都是独特且应受到尊重的，任何外部力量都不应该干涉和破坏。以美国为首的一些发达国家正在用"文化渗透"和"意识形态外攻"的方式维护其在全世界范围内的利益，炮制着美好世界的幻想，通过文化手段让发展中国家和弱小民族失去文化主心骨和独立思考的能力……这些问题既是文化和意识形态问题，也是国家利益和国际关系问题，这些问题将长期存在并不断以新的发展形式呈现出来，必须引起高度重视。

第二，我国的意识形态工作取得了巨大的进步，但仍存在着很多不足。党的十八大以来，我国思想文化领域的问题得到了充分的重视。习近平总书记关于"理论自信、制度自信、道路自信、文化自信"的重要论述开始不断深入人心，全国各族人民自觉接受、自觉拥护党和国家的各项方针政策。中华民族伟大复兴的中国梦凝聚了世界中华儿女最广泛的共识，社会主义核心价值观赢得了国内民众最广泛的思想认同、理论认同和情感认同。国内的文化产业注重经济效益的同时，也越来越注重社会效益，一些文化企业率先垂范，制作、生产、研究和表演能够代表中国精神、凝聚中国力量、鼓舞中国士气的优秀文艺作品，不断弘扬中国优秀传统文化，展示中国高尚风采，发出中国进步声音，传播、宣传好中国的价值观念和国际形象。与此同时，国内的公共文化服务也日趋专业化和体系化，人民群众精神文化需求开始不断地增强，各种公益性质的文化产品和服务开始走进千家万户，中国特色社会主义的意识形态和主流价值不断地深入人心，并且方式和手段日趋多样化。在这种情况下，我们也必须清醒地意识到，我国

的思想文化领域仍旧有着很多值得引起高度关注的问题，并在新的时期呈现出新的表现特征，最明显的就是错误思想通过新兴媒体肆意蔓延，别有用心的人企图搞乱、颠覆人们的思想观念和政治价值。当前，以互联网为基础，以各种信息平台和接收终端为手段的新兴传播方式，能够即时、互动以及跨国跨地域地实现信息海量传播，通过对事情的歪曲和夸大，实现"以小博大"的有害政治宣传。中国共产党之所以能够称为带领全国人民实现中华民族伟大复兴的执政党，就是在于其有着最广泛的群众拥护和执政基础，习近平总书记多次强调这个基础的重要性，并明确指出如果精神上丧失群众基础，最后必然会出问题。90多年以来，中国共产党一直高度重视和善于做好思想宣教和意识形态工作，革命年代"笔杆子"的斗争，到改革开放以来精神文明的建设以及舆论阵地的引领，思想方法和工作水平都在不断地提升，面对当前信息时代的新问题，中国共产党必须发扬党的宣传优良传统，广泛依靠人民群众，不断找准问题的实质和原因，不断改善工作的方式方法，在信息化、网络化和科技化的意识形态新斗争中取得最终的胜利。

第三，当前的意识形态工作仍旧任重道远，其艰巨性和复杂性超过以往任何时期。如果说经济发展和物质文明建设是社会进步的硬实力，那么思想文化领域的发展以及意识形态工作就是社会发展的软实力。历史经验证明，经济的发展并不必然带来社会稳定和政治繁荣，社会进步需要思想文化的有力支撑。习近平总书记强调中国特色社会主义事业是前无古人的开创性事业，前进道路不可能一

第五章 牢牢掌握意识形态工作领导权、管理权、话语权

帆风顺,这需要准备进行具有许多新的历史特点的伟大斗争。伟大的事业和伟大的斗争都需要有旗帜鲜明的思想目标和价值观念作为引领,意识形态工作正是在肃清思想,纠正偏差上的各种努力。举什么旗、走什么路,关系着中国特色社会主义事业的健康发展和顺利进行。当前的世界形势日趋复杂,多极化的世界格局,国家间的利益博弈都加剧了国家发展的风险和不确定因素。一方面,我们看到国家发展的主流趋势向好;但是另一方面,我们也要看到不少人,甚至包括党的领导干部也公然诬蔑、造谣甚至诋毁党的方针、政策和基本路线,一些人崇洋媚外,固执地追逐和崇尚西方的社会科学理论和政治组织方式,不加甄别,并引以为荣。与此同时,少数别有用心的人抢占舆论风口,使用"杜撰历史、炮制事件、丑化榜样"等卑劣的方式曲解或者杜撰不存在的历史情节,消费花边新闻,将严肃的社会新闻过分娱乐化,炒作热门话题,将合法的党政行为解读为阴谋斗争。有些人将党的不同历史时期的人物加以演绎和丑化,抹杀中国共产党的历史功绩,质疑党的执政合法性,使得历史虚无主义不断抬头。有些人夸大和渲染我国经济社会发展中的社会问题,误导人们放弃爱国意识、组织纪律和敬业精神,不断消解和冲淡人们共产主义的理想信念和目标追求。现在一些错误思潮和观点时有出现,有的甚至把我们的成就说成是学习西方制度模式的结果,有意把我们的发展与社会制度和意识形态的作用割裂开来,企图搞乱思想、搞乱人心,否定中国特色社会主义这面旗帜。种种行为无不表明,当前意识形态工作困难重重,十分艰巨,要扭转局面,打击错误思潮任重

而道远。习近平总书记强调一个政权的瓦解往往是从思想领域开始的，政治动荡、政权更迭可能在一夜之间发生，但思想演化则是个长期过程。思想防线被攻破了，其他防线就很难守住。新的历史起点上坚持和发展中国特色社会主义是党面临的"赶考"的继续。形势越复杂、任务越艰巨，就越需要加强意识形态工作，筑牢思想防线。

第二节 把意识形态工作牢牢掌握在手中

党的十一届三中全会以来，中国确立了以经济建设为中心的基本路线，经济发展、人民生活水平的提高成为社会发展的基础与核心。与此同时，精神文明建设是构筑中国人心中的思想长城，能够为经济发展保驾护航并提供重要的道德支撑。在精神文明建设中，意识形态工作是其中最关键和最核心的部分，它事关中国特色社会主义事业的方向、旗帜与路线，不容有任何偏差和失误。

一 意识形态工作的主要目标以及基本要求

意识形态工作是一项长期且艰巨的任务，也是一项需要全国各级党员干部、广大人民群众一起努力，共同完成的重要任务，更是一项系统性、全方位的铸魂工程。在新的历史时期，我国的意识形态工作被赋予了更加清晰和具体的目标和要求，主要包括以下几个方面。

第一，意识形态工作的核心是坚持和巩固马克思主义的指导地位。中国特色社会主义事业的发展必须要以马克思主义作为指导，这是由中国发展的历史选择和现实要求所决定的。马克思主义产生于欧洲19世纪中期，是一整套关于消除私有制、消灭剥削、消除不合理的社会现实，以实现人类解放和社会主义理想的科学理论。马克思主义产生于欧洲资本主义的土壤，从诞生之日起，它就时刻关注和批判资本主义的发展，深刻揭示出资本主义种种弊端产生的根源，并试图从资本主义内部寻求到一条现实可行的突围之路，以期实现最广大人民群众能够共同享有社会生产资料和一切可供发展的社会资源，共享社会成果和社会发展带来的福祉。不论是从理论本质还是现实目标而言，社会主义制度是要优于资本主义制度的。马克思主义成为我国意识形态中的指导思想，是我们必须坚持和贯彻的基本原则，是夺取中国特色社会主义伟大事业胜利的法宝。回顾近代历史，中国错过工业革命，社会积贫积弱，加之晚清政府治理不当，西方列强的坚船利炮叩开国门，中国逐步沦为半殖民地半封建的国家。国家未来发展堪忧，诸多仁人志士、宗派社团开始寻求拯救民族和国家危亡的新道路，留下了可歌可泣的英雄史诗。但是，历史经验充分证明，只有选择了马克思主义，只有在中国共产党的带领下，中华民族才可能实现真正意义上的独立与解放，只有走上社会主义道路，中国才可能实现真正的繁荣和富强。

第二，意识形态工作的目标是巩固全党全国人民团结奋斗的共同思想基础。国家的建设与发展需要全社会的共同努力，凝心才能聚力，团结方可成事。意识形态工作的宗旨在于使全国各族人民统一发展思想，形成改革共识，高举中国特色社会主义的旗帜更坚定，坚持中国特色社会主义的道路不动摇。习近平总书记特别强调，"核心价值观是一个民族赖以维系的精神纽带，是一个国家共同的思想道德基础。如果没有共同的核心价值观，一个民族、一个国家就会魂无定所、行无依归。为什么中华民族能够在几千年的历史长河中生生不息、薪火相传、顽强发展呢？很重要的一个原因就是中华民族有一脉相承的精神追求、精神特质、精神脉络"[①]。中国共产党的宗旨与目标是带领全国人民实现中华民族的伟大复兴，在前进的道路上，需要有共同的核心价值观，需要有共同的文化精神。改革开放以来，我国社会正处在思想大活跃、观念大碰撞、文化大交融的时代，各种社会思潮的冲击和不良观念的涌入，人们容易受到思想的侵害和观念的腐蚀，一些党员干部更是放松了警惕，丧失了党性，背弃了人民，走上危害国家、分裂组织的犯罪道路，我们既不能走封闭僵化的老路，更不能走改旗易帜的邪路。所以，意识形态工作一刻也不能放松，经济的发展、政治的稳定须臾离不开健康的社会心态和良好的舆论环境。正确的观念是指导人们开展有序经济社会活动的基础，正确的共识是推动中国特色社会主义事业发展的前提。观念决定行动，教育塑造观念。意识形态工作就是通过各种有效的宣传思想工作来不断地强化、巩固、培育、塑造人们的思想和观念，只有打造共同的思想基础，才能够取得中国特色社会主义各项事业的胜利。

第三，意识形态工作的方法是实事求是，审时度势，

[①] 习近平：《在文艺工作座谈会上的讲话》（2014年10月15日），人民出版社2015年版，第22页。

第五章　牢牢掌握意识形态工作领导权、管理权、话语权

找准要点。工作顺利展开的前提是拥有正确且可行的方法，意识形态工作是一项长期工程，面对的是人们的内心世界和精神家园。比较起其他类型的工作，宣传思想工作具有难度，更加需要方法的支持。习近平总书记在全国宣传思想工作会议讲话时特别指出，党的"宣传思想工作一定要把围绕中心、服务大局作为基本职责，胸怀大局、把握大势、着眼大事，找准工作切入点和着力点，做到因事而谋、应势而动、顺势而为"①。这里的"大局"讲的是中国特色社会主义的伟大事业，"胸怀大局"就是要求意识形态工作者心中随时都要装着建设中国特色社会主义伟大事业这个中心目标，一切工作都要围绕这个目标展开；"大势"讲的是经济社会中的重要发展趋向，"把握大势"就是要求一切工作都要认清局势，按照经济规律和社会规则行事；"大事"指的是在多元复杂的社会局面中分清主要矛盾和次要矛盾，"着眼大事"就是要善于统筹和辨别各种不同性质的矛盾，积极找到应对的方法和举措。习近平总书记提出的"因事而谋、应势而动、顺势而为"三大原则，高度凝练地指明了意识形态工作的基本方法，实事求是，具体情况具体分析，审时度势，认清形势作出判断，找准要点，根据规律开展工作。

二　做好意识形态工作需要处理的重大关系

做好意识形态工作，明确目标和要求是基础，而要做

---

① 习近平：《把宣传思想工作做得更好》（2013年8月19日），《习近平谈治国理政》，外文出版社2014年版，第153页。

到对目标和要求的准确把握和深刻理解，则需要认清意识形态工作的重要地位和价值，在具体实践中，要能够积极处理好以下几个重要的关系。

第一，意识形态工作与文化发展之间的关系。意识形态工作是国家思想宣传工作的重要内容，也是国家文化发展中不可缺少的组成部分。意识形态工作强调的是文化精神和社会价值观的构建及其传播，而这正是国家文化建设最为核心的部分之一。国家文化建设包括文化体制改革、文化产业发展、文化市场体系的培育、文化公共服务体系的建立健全等不同方面，而这些工作不仅涉及为全社会创造经济效益，还承担着更加重要的创造社会效益的使命。国家的文化发展不仅要创造物质文明，还要不断满足全国各族人民的精神需要，引领社会风气、塑造社会价值、弘扬中国精神。中国共产党从来不回避意识形态问题，在文化发展过程中，特别强调要坚持中国特色社会主义的方向，坚持以人民为中心，积极地培育和践行社会主义核心价值观。

党的十九大报告指出："意识形态决定文化前进方向和发展道路。必须推进马克思主义中国化时代化大众化，建设具有强大凝聚力和引领力的社会主义意识形态，使全体人民在理想信念、价值理念、道德观念上紧紧团结在一起。"① 意识形态工作需要通过国家的文化建设来不断提升效果、增强影响，而文化建设也需要意识形态工作来坚定

---

① 习近平：《决胜全面建成小康社会　夺取新时代中国特色社会主义伟大胜利——在中国共产党第十九次全国代表大会上的报告》（2017年10月18日），人民出版社2017年版，第41页。

第五章 牢牢掌握意识形态工作领导权、管理权、话语权

方向、保持本色。我们应该清醒地看到，世界范围内思想文化领域的交锋十分激烈，保持和发展好本国的文化精神和社会价值观是一个国家经济社会发展的思想基础，也是国家安全的前提。当前，少数欧美发达国家的政府和团体仍旧持有旧式的冷战思维，不断进行各种形式的意识形态外攻，试图通过世界范围内的文化贸易、文化产品输出来进行更加隐蔽的价值宣传和政治鼓动，从而使发展中国家的人民对自己民族国家的政治制度和发展方式产生怀疑，最终为实现自身在全球范围内的利益扫清思想障碍。事实上，每一个国家和民族都有选择自己发展道路的权利，每一种道路都值得尊重，欧美发达国家的模式不能作为说服、劝教他国跟从的样本，发展中国家的历史与现状也不能成为被歪曲和丑化的对象，通过文化方式进行政治观和价值观的颠覆和渗透，都是霸权主义行径和干涉他国内政的行为。意识形态工作和国家文化发展之间有着十分紧密的关系，两者不能简单地分开理解，前者必须通过各种文化活动、文化产品和服务体现出来，后者则需要前者不断努力，来实现方向和道路的正确。

第二，意识形态工作与经济建设之间的关系。坚持以经济建设为中心，是当前国家发展的基本遵循，意识形态工作是针对思想心理层面的工作，是为经济建设保驾护航，确保国家经济社会坚持中国特色社会主义的原则和方向不动摇。就其本质而言，意识形态通过提供一种正确的价值观念，能强有力地约束市场主体，促使市场主体的行为从实然走向应然，淡化机会主义行为，减少交易成本，提高资源配置效益，促进经济发展。但是，改革开放以

来，我国经济建设中存在淡化意识形态的总体倾向，表现为市场主体行为的失范。经济与道德的冲突，个体与整体价值冲突。这不仅是市场主体本身的道德问题，更重要的是作为一种非正式制度安排的主流意识形态的淡化而导致市场主体的工具理性大行其道的问题。在经济建设中，要加强社会主义意识形态教育，以公平公正的经济原则指导经济运行，规范市场秩序，提高资源配置效益。意识形态是减少提供其他制度安排的服务费用的最重要的制度安排，它可以减少利益主体决策过程进而节约交易费用。

社会主义主流意识形态地位的巩固和加强能为树立社会主义市场经济的权威、为社会主义市场经济的正常发展保驾护航。在我国完善社会主义市场经济体制的过程中，社会主义主流意识形态地位的巩固和加强，能规范市场主体行为，减少市场主体之间的摩擦成本，从而节省市场主体间的交易费用，解决非市场机制的资源配置问题，提高市场经济积极、正常、有效运转的效率。我国社会主义意识形态每一次范式变革都对我国经济转轨的路径和经济绩效的产生发生着重大的正面作用，直接催化了当代中国经济的高速发展。对于两者的关系，习近平总书记指出，"在集中精力进行经济建设的同时，一刻也不放松和削弱意识形态工作，必须把意识形态工作的领导权、管理权、话语权牢牢掌握在手中"[①]。

---

① 习近平:《在中共十八届三中全会第一次全体会议上的讲话》（2013年11月9日），《习近平关于全面深化改革论述摘编》，中央文献出版社2014年版，第86页。

第五章　牢牢掌握意识形态工作领导权、管理权、话语权

第三，意识形态工作与党性、人民性之间的关系。在意识形态工作中，党性、人民性是有机统一的，共同构成意识形态工作的理论基础。人民是意识形态工作的价值主体，坚持以人民为中心的意识形态建设，就是要把实现好、维护好、发展好最广大人民根本利益作为出发点和落脚点，坚持以人为本，一切为了人民群众，一切服务人民群众。人民性强调的人民的利益、需求和发展是党的各项宣传思想工作的价值依归和奋斗目标，在具体的工作中，都要贯彻这种原则，要把服务群众和教育群众结合起来，把满足群众需求和引导群众不断提升欣赏水平、理解能力和精神素质结合起来。坚持党性，就是各项工作都要明确政治方向，坚定政治立场，坚定宣传党的理论和路线方针政策，坚定宣传中央重大工作部署，坚定宣传中央关于形势的重大分析判断，坚决同党中央保持一致，坚决维护中央权威。

从本质来看，坚持党性和坚持人民性是高度统一的，党的利益和人民的利益高度一致，党的发展目标就是实现最广大人民群众的利益。党性和人民性也绝对不是抽象和空洞的概念和教条，而是落至实处的具体行动，没有脱离了党性的人民性，也没有脱离了人民性的党性，党的宗旨就是全心全意为人民服务，所以党的主张就是人民的心声，而人民的心声只有在中国共产党的坚强领导下，通过人民群众的共同努力才能真正实现。所以，意识形态工作最重要的理论基础就是党性和人民性两个根本特性，党性是组织原则和基本遵循，人民性是价值追求和奋斗目标。意识形态工作要不断取得新的成绩，就需要不断地研究如何保证这两种特性的充分发挥以及如何确保这两者之间能

够更加协同统一，共同促进。

第三节　弘扬主旋律，传播正能量

在意识形态工作领域中，社会舆论是非常重要的思想阵地。舆论是社会中相当数量的人们对于一个特定话题所表达的个人观点、态度和信念的集合体，这些思想的汇聚直接促成了人们的价值判断、行为动机，所以舆论一直是影响社会发展的重要力量。2016年2月，在党的新闻舆论工作座谈会上的讲话中，习近平总书记进一步指出："做好党的新闻舆论工作，事关旗帜和道路，事关贯彻落实党的理论和路线方针政策，事关顺利推进党和国家各项事业，事关全党全国各族人民凝聚力和向心力，事关党和国家的前途命运。"① 必须从党的工作全局出发把握党的新闻舆论工作，做到思想上高度重视，工作上精准有力。意识形态工作的成败很大程度上就取决于是否能够成功地引领舆论，掌握思想宣传工作的主动权和话语权。

一　把握新闻舆论工作正确方向

中国是一个拥有13亿多人口的泱泱大国，随着大众传媒的高速发展，中国最广大的民众都能够很便利地生产、接收和交流传播各种思想信息，中国成为世界上规模

---

①　习近平：《在党的新闻舆论工作座谈会上的讲话》（2016年2月19日），《习近平总书记重要讲话文章选编》，中央文献出版社、党建读物出版社2016年版，第417页。

最大、最活跃、最感性的舆论生成市场。舆论是思想信息的流动，会直接或间接地影响人们的各种行为。对于中国来说，每天都会发生各种社会事件、时事新闻，如果信息传播领域缺少有效的规范与治理，那么这些日常事件就会在传播媒介的作用下，实现快速、海量以及放大效应的传播，会产生重大的影响。在西方的传播理论中，媒体的社会影响被高度重视，媒体也被西方思想界视作继"立法、司法、行政"之后的"第四权力"，是一种"社会公器"，它能够以不可估计的力量冲击人们的心灵。新闻媒介的信息传播就其本质而言，是有着鲜明的价值立场和利益诉求的。很多人认为新闻讲究客观性，那么新闻信息也就是绝对客观真实的，背后不会有主观因素在里面，是没有国家利益、价值立场、道德倾向的报道。这样的理解有着很大的误区，也是大多数人造成理解偏差的原因所在，事实上，所谓的新闻"真实客观"是有条件的，不能用理解自然科学的方式理解新闻信息，生产制造以及接受理解新闻信息的都是有思想有感情的人，任何新闻信息都会有着价值与目标在里面。社会中的报刊、电台、电视台、网络等媒体都有着自身的传播特点，即使是简单的"议程设置"环节，即新闻信息的挑选以及报道频度的设置，都会是一种价值输出和道德判断。正是由于媒介的这种特性，党中央从国家发展和政治稳定的战略高度提出了要充分重视新闻传播和舆论环境的具体要求。事实上，古今中外，任何政党要夺取和掌握政权，任何政党要实现长治久安，都必须抓好舆论工作。马克思主义政党历来把新闻舆论工作作为进行革命斗争的有力武器。如何结合传播媒介的特点，牢牢坚持正确的舆论导向，做好意识形态工作。习近平总书记从以下几个方面提出了具体的要求。

第一，要准确理解新闻媒体的意识形态属性与职责定位。新闻舆论是社会思想观念以及心理的体现，是意识形态的重要组成部分。习近平总书记多次强调舆论的重要作用，他特别指出，"历史和现实都告诉我们，舆论的力量绝不能小觑。舆论导向正确是党和人民之福，舆论导向错误是党和人民之祸。好的舆论可以成为发展的'推进器'、民意的'晴雨表'、社会的'粘合剂'、道德的'风向标'，不好的舆论可以成为民众的'迷魂汤'、社会的'分离器'、杀人的'软刀子'、动乱的'催化剂'"[①]。在这样的情况下，做好党的新闻舆论工作，营造好的舆论环境，是治国理政、定国安邦的大事。新闻宣传一旦出了问题，舆论工具一旦不掌握在真正的马克思主义者手中，不按照党和人民的意志、利益进行舆论导向，就会带来严重的危害和巨大的损失。中国共产党的各项事业需要有良好的社会心态和舆论环境作为前提与基础，要凝心聚力，干好事业，就必须要引导好人民思想，而要引导好人民思想就要引导好社会舆论。所以，党的新闻舆论工作要坚持党性原则，坚持党对新闻舆论工作的领导，党媒必须姓党。要深刻地认识到新闻媒体的意识形态属性，要准确地把握好现代大众媒体的传播特性，党的新闻舆论媒体的所有工作，都要

---

① 习近平：《在党的新闻舆论工作座谈会上的讲话》（2016年2月19日），《习近平总书记重要讲话文章选编》，中央文献出版社、党建读物出版社2016年版，第418页。

第五章 牢牢掌握意识形态工作领导权、管理权、话语权

体现党的方针、政策、意志和主张，维护党的中央权威、维护党的团结，强化阵地意识、政权意识、政治意识。坚持党性和人民性的高度统一，就要坚持正确的舆论导向，遵循团结稳定鼓劲、正面宣传为主的基本方针；要随着形势发展，创新新闻舆论工作的理念、内容、体裁、形式、方法、手段、机制、体制，增强时效性和针对性。① 把党的理论和路线方针政策变成人民群众的自觉行动，把服务群众同教育引导群众结合起来、把满足需求同提高素养结合起来，丰富人民精神世界，增强人民精神力量。

第二，要坚定树立马克思主义新闻观。新闻观是新闻舆论工作的灵魂，是从业者的基本遵循和根本立场。持有不同新闻观的人在对待新闻舆论工作的态度、方法和目标上是有着本质区别的。我们必须坚持的是马克思主义新闻观，它包括坚持新闻宣传工作的党性原则，坚持把正确舆论导向放在首位，坚持为人民服务、为社会主义服务，坚持政治家办报办台，坚持新闻的人民性原则等方面的内容。在新闻舆论工作中树立马克思主义新闻观，是保证社会主义新闻事业健康发展的必然选择。马克思主义新闻观是开展各项工作的"定盘星"，只有牢牢坚持才能不在新闻事业中迷失方向、误入歧途。当前国际形势纷繁复杂，一些西方人士打着"自由、民主"的旗号，歪曲中国的新闻制度，公开宣扬媒体"社会公器论""新闻自由论"，

---

① 习近平：《在党的新闻舆论工作座谈会上的讲话》（2016年2月19日），《习近平总书记重要讲话文章选编》，中央文献出版社、党建读物出版社2016年版，第416—440页。

恶意诋毁中国新闻事业取得的成就，攻击中国共产党的领导体制和我国的社会主义制度，抹黑、丑化、妖魔化中国可谓无所不用其极。面对严酷的新闻舆论领域的矛盾，只有确保马克思主义新闻观在党的新闻事业中的指导地位，使马克思主义新闻观成为广大新闻工作者的思想武器和行为准则，才能使广大新闻舆论工作者成为党的政策主张的传播者、时代风云的记录者、社会进步的推动者、公平正义的守望者，才可能保证新闻舆论的主导权牢牢掌握在忠于党、忠于人民的新闻工作者手中，才能保证党的新闻事业永远沿着正确的方向前进。

第三，要牢牢坚持正确的舆论导向。良好的舆论环境需要进行不断的建设，只有舆论导向正确，才能凝聚人心、汇聚力量，推动事业发展。导向的基础就是顾全大局，就是要围绕党和国家的中心工作，围绕地方党委和政府的中心工作，服务全党全国工作大局，服务经济社会发展大局。新闻舆论工作不能站在党和政府的对立面，要时时处处考虑报道可能带来的社会效果，做到所有工作都有利于坚持中国共产党领导和我国社会主义制度，有利于推动改革发展，有利于增进全国各族人民团结，有利于维护社会和谐稳定。"铁肩担道义，妙手著文章"，新闻舆论工作者要牢记使命，将坚持正确的舆论导向贯穿各项具体工作、各个领域之中，勇于承担党和国家赋予的神圣的新闻传播使命，能够在化解社会矛盾、解决问题，在提供咨询、反映诉求、排忧解难，在凝聚人心、提升士气、鼓舞干劲，在因势利导、释疑解惑、理顺情绪等方面多动脑筋、多想办法。与此同时，新闻舆论工作不仅要真实客观地进行报道，还需要积极传达正确的立场、观点、态度，引导人们分清对错、好坏、善恶、美丑，激发人们向上向善的精神力量。

二 不断提高新闻舆论工作水平

新闻舆论工作是党的事业的有机组成部分，也是党治国理政的重要手段之一，运用新闻推动工作，实际上也成了一种领导水平和现代工作方法的表现。面对日趋复杂的国际国内形势，只有不断提高新闻舆论工作水平，才能更好地克服各种困难，应对各种工作局面，做好各项工作任务。习近平总书记在以下几个方面，提出了具体的工作要求，成为今后开展新闻舆论工作的基本原则。

第一，要不断改善宣传舆论工作的方式技巧。方式方法是在具体的工作实践中总结出来的经验和规律，是工作中应该遵循的方针和原则，是能够提高效率，促进成果的科学手段。新闻舆论工作要及时、准确地传递党和政府的方针、政策，捕捉和反映方针、政策执行过程中的各种信息，要牢牢坚持以正面宣传为主的原则，这是团结稳定鼓劲、维护发展大局的必然要求。社会每天都有各种新闻事件发生，而积极正面的东西是社会的主流，消极负面的东西是支流，只有坚持正面宣传为主才能真实反映我们这个社会的本质和全貌。当前中国正处在关键的改革发展时期，面临的挑战和困难前所未有，全社会必须激发出昂扬的正能量，党的新闻舆论工作必须积极调动各方面的积极性、主动性、创造性，激发全党全社会团结奋进、攻坚克难的强大力量。正面宣传还包括提高宣传的质量和水平，增强吸引力和感染力。宣传舆论工作不仅要积极正面地处理新闻事件，还要注意宣传的效果，多生产创造人民群众喜闻乐见、爱听爱看的节目，注重模式选择、形式突破、内容创新。媒体能够聚焦社会热点，但是通过媒体的传播能够将信息以巨大的效力影响社会，所以从整个社会健康发展和有序运行的角度，新闻传播必须遵守基本的纪律和规则，正面宣传是符合社会进步要求的，弘扬真善美，打击假恶丑，将正面的意义通过媒体放大，将负面的效果减至最小，要使人民群众认识到社会发展主流的好的价值，而不能将负面的效果无限放大，以此取代整个社会的特征，所以，不论是新闻采集、撰写、编排还是发布等各个环节，都要贯彻这个原则。与此同时，在处理负面新闻报道时，要注意价值立场和情绪引导，要有针砭时弊、揭露真相的勇气，也要注意用真诚和善意去渲染和引导新闻舆论的基调。

绝对不能够做老好人、不作为的人，而要做一个政治正确、旗帜鲜明、充满情感、正义果敢的新闻宣传者。

第二，要不断增强新闻舆论工作的针对性和融合性。针对性是指在新闻舆论工作中要进行科学的受众细分，根据不同群体的信息需求、接收特点以及认知规律来展开工作，要坚持问题导向，改革创新，讲求实效，创新理念、内容、体裁形式、方法、业态、体制、机制，牢牢掌握党的新闻舆论工作主动权。针对性强调的是形式丰富、手段多样，一个主题要有多种传播方法，形成多方位、多层次、多声部的主流舆论矩阵，实现传播效果的最大化，使受众各取所需，各得其所。在内容选择上，要注重议程设置，积极引导舆论话题，善于挖掘事实，善于提出概念、形成标识，要增加可读性，掌握时机、技巧和方法。另外，在市场化运作的社会环境中，媒体要创新管理方式，要区分好经营活动和新闻报道之间的界限，坚持采编和经营两分开、两加强，严格划定经营工作底线，规范开展经营活动。要抓紧探索实施特殊管理股制度，确保党对新闻媒体的主导权和管理权。除了针对性，还要推进媒体融合性发展，要积极研究新媒体的规律和特点，善于抢占前沿阵地，善于利用新媒体来进行同群众信息交流，要建立健全舆情收集反馈机制，加强内容监管，做好分析研判，有针对性地研究解决问题的措施，及时清理网络谣言和各类有害信息。要加强监督机制，教育和引导广大网民遵守网络秩序，文明理性上网，理性表达意见，增强是非辨别能力，打造互联网的良好秩序。

第三，要不断把握新闻舆论工作的时效度。时效度是衡量新闻舆论工作的基本标尺。时，就是时机，掌握时机是对新闻舆论工作整个过程的关键时间节点有非常清晰的认识，能够及时有效地做好工作。度，就是力度、分寸，新闻报道需要造势，营造新闻表达的氛围，宣传过程中要把握好力度和广度，不能夸大事实，哗众取宠，也不能歪曲是非，刻意迎合，要因地、因时制宜，要准确掌握舆论引导的密度和尺度，既不把大事说小，也不把小事说大。分清情况，看准局势，掌握分寸，把握火候，注意力道。效，就是效果、实效。效果是新闻舆论工作的核心，效果就是看能否得到群众的认可，能否形成社会共识，所以在具体工作中，要时刻注意找准思想认识的共同点、情感交流的共鸣点、利益关系的交汇点、化解矛盾的切入点，不断提高工作实效。与此同时,还要能够通过对时度效的准确把握,来逐步实现新闻传播的国际话语权。新闻舆论工作要立足国内,放眼世界,讲好中国故事、传播中国声音、展示中国形象,为中华民族伟大复兴提供一个良好的国家舆论环境和世界范围的认同,所以要坚持借鉴世界先进经验,讲情感、重经验、懂技术、用方法,创新表达方式,研究认知规律,不断提升中国的国际影响力,让中国声音赢得国际社会理解和认同。

第四,要不断优化新闻舆论工作的人才队伍。人才是开展各项工作最关键因素,人才竞争也是媒体竞争的核心内容。中国共产党的新闻舆论工作,关键在于人的作用的发挥。中国特色社会主义的新闻事业,需要一批高素质的新闻队伍。中国共产党有着优良的新闻舆论工作传统,也积攒了宝贵的新闻舆论工作经验。对于一个优秀的新闻舆论工作者,首先,要有政治家办报的意识,要确立马克思主义新闻观,要有坚定的政治意识、大局意识、核心意识、看齐意识,要忠实宣传党的理论和路线方针政策,让党的主张成为时代的最强音,要严守党的政治纪律、宣传纪律和长期形成的规矩。要有政治定力,在大是大非面前能够坚持党性,敢于斗争。其次,要牢记社会责任,新闻舆论工作者肩负着神圣的社会使命和责任,是党的事业的一分子,是实现中华民族伟大复兴进程中的重要参与者,一定要坚定立场,强化信念。再次,要提高业务能力。要掌握好专业知识和技能,完善知识结构,拓宽知识领域,善用现代科学技术和传播手段,打造复合型、专家型的新闻舆论工作者。最后,要转作风改文风。好的新闻报道,要靠好的作风文风来完成，要不断地形成正确优良的创作方法和传统，要深入民众、了解实情、理解基层、同情群众，同时要掌握方法，讲究语言艺术，使用大众喜闻乐见的形式展开宣传报道。另外，要不断深化新闻单位人事管理制度改革，推进新闻院系教学质量的提升，培养具有坚定的马克思主义新闻观的优秀人才。要加强新闻舆论工作者的道德修养和自律能力，抵制诱惑和社会不良风气。

第五，要不断加强党对新闻舆论工作的领导。党的新闻舆论工作是党的工作的重要组成部分，各级党委要自觉承担起政治责任和领导责任，主动谋划本地区本部门新闻舆论工作。党委领导要亲自抓新闻舆论工作，要加强党对媒体的指导调控。领导干部要多关注中央媒体，通过媒体深入把握党和国家的方针政策和工作部署，学习各地方在工作中创造的有益经验。要真正懂媒体、用媒体、尊重媒体、尊重新闻传播规律。要把握新闻舆论工作的主动权，积极运用媒体宣讲政策主张、了解社情民意、发现矛盾问题、引导社会情绪、动员人民群众、推动实际工作。

第四节　积极推进意识形态工作创新

创新是对传统的批判、继承与超越。面对不同的科学技术发展阶段以及国际国内政治经济环境，意识形态工作必然要作出新的调整与转变，以便能够积极地应对和解决新的挑战和新的问题。创新是意识形态工作保持科学性与合理性的关键核心，也是提高针对性和实效性的重要方法。

一 深刻理解现代信息技术带来的挑战

科技发展日新月异,当前新兴媒体的出现给人们生活带来了巨大的改变,新兴媒体能够实现跨地域、跨国界、跨民族、跨身份的信息交互。比起传统媒体,以互联网为基础的新兴媒体能够实现多元化、无主体化、海量化、高速化的信息传播。网络空间已经成为一个虚拟社会,人们越来越多的时间会花在互联网活动之中,当前中国有5.64亿网民,4.2亿手机上网用户,是世界上互联网使用人口最多的国家,网络生活已经成为一种新的生活方式,网络空间与现实社会有着巨大的区别,网络成了社会思想的交互平台,也成了舆论斗争的新战场,这给我国的意识形态工作带来了全新的挑战,主要体现在以下方面。

首先,网络信息技术给意识形态安全带来了新隐患。网络已经成了一个虚拟社会,不仅占据着人们越来越多的时间和精力,而且也深深影响着人们的传统生活方式。我们看到,当前网络发展有着很明显的趋势,即网络和计算机技术都起源于美国,全球的核心技术、软件硬件设备等都来自欧美发达国家,利用这些垄断优势,欧美发达国家能够在网络活动中进行意识形态渗透,实现国家利益。同时,互联网领域仍旧缺少法律规范、平等秩序以及全球规则,不同国家和地区信息鸿沟不断拉大,网络空间治理难度加大,一系列网络暴力、网络犯罪现象时有发生。网络信息技术安全成为全球发展新问题,也给未来的国际关系埋下了隐患,如何推动互联网全球治理体系的变革,建立和平、开放、合作、安全的网络空间,如何打造多变、民主、透

第五章　牢牢掌握意识形态工作领导权、管理权、话语权

明的全球互联网治理体系成为各个国家都需要面对的全球性问题。习近平总书记在世界互联网大会上特别指出，网络发展要以人类共同福祉为根本，坚持网络主权，推动互联网治理公正化，建立网络空间命运共同体的理念。信息化和网络安全成为辩证统一的整体，一方面，信息化的提供能够促进经济社会的快速发展，给各个领域带来高效率和高便利；另一方面，信息化的普及也意味着高风险的存在，各种安全隐患都会引起重大的经济政治的损失。在新的形势下，习近平总书记特别强调了党和政府对网络治理的突出重要性，并认为过不了互联网这一关，也就过不了长期执政这一关，指出世界各国都要努力，一起推动网络治理，树立网络命运共同体的理念，共同维护网络安全。

其次，网络传播方式给意识形态工作提出了新要求。互联网和信息化是人类科学技术的重大飞跃。网络传播方式给人们带来的是全面重大的、革命性的在认知方式、交往方式、生活方式等各个领域的改变。20世纪中期以电视为代表的大众新媒体问世时，就已经让学者惊奇它给社会所带来的重大影响，并发出了"子弹论""注射论"的感叹，并逐渐发展出了现代新闻传播学理论。当前网络化、信息化的飞速发展，其传播效力和社会影响远远超过了电视等前一代大众媒体的影响，其效力远不止"子弹"和"打针"那么简单了，在广度、深度、力度、效度都远远超过了传统媒体。如果说，传统媒体还是有固定的制作、生产、传播部门进行内容输出，有固定的受众群体的话，那么新兴媒体则彻底打破了传播主体客体的区分，而且身份也随时发生着转换，媒体成了自媒体，任何个体都能够有机会从

信息的接收者变为信息的生产发布者，而且也打破了原先的地域限制、国家界限，实现着海量、多元的信息交互，各种良莠不齐的信息、言论、思想和观点能够在网络上流传，并影响着人们的观念和思想。网络传播的规范和立法也成为各国的当务之急，美国在这方面走在了世界的前面，1978年以来，美国先后出台了《电信法》《通信内容端正法》等130多项涉及互联网管理的法律法规，明确规定了政府的审查权力，要求网络上不能进行宣传种族主义、恐怖主义的一切活动，不能传播威胁总统和国家安全的言论等。所以，推动网络立法，有效规定网络参与者的权利与义务，把握好言论自由和妨害安全之间的尺度，减少人为色彩和主观尺度等方面给意识形态工作的新的要求。

最后，网络虚拟空间给意识形态发展指出了新方向。网络深刻地影响着人们的生活，这种影响很大程度上是由于网络所构筑的虚拟空间形成的。人们的现实生活空间不断地被这种虚拟的网络空间所挤占和压缩，并在这种空间中展开了新的生活方式。虚拟空间包括言论空间、游戏空间、购物空间、信息空间等不同的领域，每一块领域都与我们的现实生活紧密联系在一起，甚至根本没有办法区分开来。以言论空间为例，各种微博、微信、论坛、直播网站都是言论的大舞台，人们无法在现实生活中进行的集中讨论和大型互动都能够在线上完成，网络很轻易地就形成了思想汇聚和言论传播的功能，一个论坛就是数万人的大课堂，一个直播就是几十万人的视频会议，一条微博就是几百上千万受众的广告……网络虚拟空间成了新的思想平台和舆论阵地，当前的意识形态工作绝对不能远远围观、不闻不问，而是要充分掌握新兴媒体的传播规律，积极占领新的前沿阵地，掌握意识形态工作的主动权和话语权。我们看到，当前不少互联网商业网站，在市场经济竞争的压力下，在别有用心者的蛊惑下，为了实现利润最大化，为了达到不可告人的目的，无视社会责任和国家安全，肆意传播歪曲党和政府的言论，哗众取宠，恶意编造党群关系矛盾的事件，丑化党的历史和英雄人物，通过制造网络话题，纵容网络明星、公众大V煽动网民情绪，来获得高的网络点击量和微博活跃度。执法部门要么缺乏经验，不懂管理，对意识形态的新斗争严峻性不敏感；要么混杂着各种复杂的利益纠葛，懒政怠政，对新出现的问题放任纵容，因为只是在虚拟空间中的表达，认为还没有产生任何现实的负面影响，没有引起任何警觉和重视，这些都是非常危险的。网络虚拟空间是一个巨大的新领域，需要引起足够的重视，意识形态工作需要认真研究，转换观念，把握规律，牢牢占领网络虚拟空间的工作主动权和话语权。

二　重点抓好意识形态工作的三大创新

面对新的问题与挑战，需要新的理念和方法来应对。针对新形势新变化，习近平总书记指出："有些做法过去有效，现在未必有效；有些过去不合时宜，现在却势在必行；有些过去不可逾越，现在则需要突破。"[①] 重点要

[①] 习近平：《在全国宣传思想工作会议上的讲话》（2013年8月19日），《习近平关于全面深化改革论述摘编》，中央文献出版社2014年版，第84页。

抓好理念创新、手段创新、基层工作创新。创新是破旧立新、是不墨守成规、是敢于直面挑战、是不断地研究规律寻找方法，唯有创新才是破解难题，克服困难的法宝。习近平总书记进一步指出："宣传思想文化工作必须牢牢把握巩固马克思主义在意识形态领域指导地位、巩固全党全国人民团结奋斗共同思想基础的根本任务，推进理念创新、内容创新、手段创新，不断把握工作规律、增强整体功能，为全面建成小康社会提供思想保证、精神力量、道德滋养、文化条件。"[①] 习近平总书记提出的这"三个创新"，体现了中国共产党对新时代中国特色社会主义建设伟大实践过程中意识形态工作和宣传思想文化工作内在规律的深刻认识，为今后意识形态工作指明了清晰的思路和方向。

第一，要抓好理念创新。理念创新，就是要打破思维定式，破除陈旧保守旧思路，不断实现思想新飞跃，在观念上积极地突破超越，从而打开工作新局面。理念是思维方式、价值观念、道德原则等一系列思想观念的总和，理念深刻地影响着人们行为处事，正确科学的理念能够积极地指导实际工作，形成正向的推动，反之就会形成工作停滞不前、落后低效的局面。欲成大事，观念先导，意识形态工作的基础和前提就是要树立先进、科学、正确的理

---

① 习近平：《在党的十八届六中全会第一次全体会议上关于中央政治局工作的报告》（2016年10月24日），《习近平关于社会主义文化建设论述摘编》，中央文献出版社2017年版，第52页。

念。人们一旦形成稳定的观念就会保持下去，不易发生改变，所以当形势发生变化时，观念就容易显得陈旧和不符合当前需要，那么要推动各项工作，就必先从观念转型开始。21世纪以来，世界形势和国际格局发生了巨大的变化，意识形态工作也必然会发生重大的变化，传统灌输式、封闭式、居高临下式的工作观念已然不合时宜，取而代之的是现代引导式、交互式、开放式、情理式的工作观念。当代中国的意识形态工作，最核心的理念就是坚持党性和人民性的统一，坚持党的一切工作出发点和归宿点都是全心全意为人民服务，坚持以人民的根本利益为最高准则，胸怀大局、把握大势、着眼大事的工作理念，转变二元对立，阐释好工作的思想原则，完善好工作的顶层设计。事实上，理念的改革是人心的改革、思想的改革，所以很大程度上也是最难的改革，器物性的改变调整相对容易，但是内心中的认同与遵循需要长时间的转变，所以理念创新既是最难的创新，也是最基础的创新，它决定着手段创新的效果和基层工作创新的目标，需要特别引起关注。

第二，要抓好手段创新。手段创新是对方式方法的调整与完善，工欲善其事，必先利其器。手段创新是现实层面、操作层面的不断优化，也是最能产生直接效果的环节，它包括实物层面的工具，也包括非实物层面的方法。理念创新是前提，手段创新是根据理念创新的原则和要求进行的调整，是理念创新的现实体现和具体应用。理念的高度决定着手段的效度，手段的使用体现着理念的价值，两者缺一不可。当前信息技术快速发展，传播渠道日趋多样，这些都给意识形态工作手段提出新的要求。手段创新就是要积极探索宣传思想工作中的新难题，形成新举措新方法，充分适应现代化信息传播特点，占领信息传播制高点。传统媒体条件下，意识形态工作手段相对单一，在内容监审、舆论引导、传播管理、效果评估等方面已经形成了相对丰富的经验，易于掌握工作主动权和话语权。新兴媒体则是具有颠覆性的传播方式，内容方面，创造生产的主体多元不确定，这就要求内容监审上要更加全面到位，更加注重教育引导和宣传，更加注重使用现代媒体技术和大数据方法。在舆论方面，社会心态更加复杂、变化更加迅速，这就要求舆论引导上要更加注重事先调整，更加注重研究社会心理的内在结构和变化规律，注重引导和调控主体性需求和合理性价值。在传播方面，传播的二元对立性被打破，传播主体更加多元，方式更加多样，这就要求传播管理要更加注意由管控方法转向引导方法，发挥传播主体自我监督、自我管理的新方法，完善立法，出台更加适合当前社会发展需要的网络管理条例，规范好网络信息传播者的权利与义务。在效果方面，传统媒体条件下对传播效果的理解不够深刻，主动性不强，当前新媒体发展过程中，要更加注重效果评估，将实效性作为考核工作的重要因素，效果导向能够更加激励工作的创新热情，能够更加促使工作者们不断地提高探索热情和工作效率。

第三，要抓好基层工作创新。如果说理念创新是顶层设计，手段创新是现实要求，那么基层工作创新就是两者的有机结合，并且是在理论和现实多个层面的综合体现。基层，是指最广大的人民群众，基层工作既指明了工作对象和服务主体，也体现了实践导向和价值诉求。基层工作创新就是意识形态的各项工作要面向最广大的人民群众，要做好群众工作，满足群众的精神需求，维护好群众的文化利益。基层工作创新是理念创新和手段创新的合题，所以做好基层创新工作既需要做好长远规划，调整工作思路，又要注重方式方法，改善工作水平，提升工作效果。从理念层面看，基层工作需要积极地探索更好地为人民群众服务，做好人民群众思想工作的方法，如何用人民喜闻乐见的形式、生动活泼的方法来把党和国家的政策、思想和方针讲清讲透，如何能够贴近人民群众的生活实际，倾听人民群众的真实想法，了解人民群众的切实需求，将他们对美好生活的追求与对党和国家方针政策的自觉认同有机结合在一起。另外，从基层工作者的角度来看，要不断强化队伍，提高思想宣传工作者的综合素质，落实好主体责任，加强理论和业务学习，完善激励机制，不断鼓励基层工作者打开思路、探索方法，利用好新兴媒体，发挥好自媒体功能，打造适合基层民众接受的移动化传播平台，寓教于乐。不断地加强项目化管理能力、统筹规划、积极整合资源、做好量化评估和绩效分析，真正立足于基层、服务于基层、依靠群众、发动群众，调动基层群众的指挥，形成良性互动的新局面，真正将各项工作做到细处、落到实处。

第六章

提高国家文化软实力

文化软实力集中体现了一个国家基于文化而具有的凝聚力和生命力,以及由此产生的吸引力和影响力。古往今来,任何一个国家的发展进程,既是经济总量、军事力量等硬实力提高的过程,也是价值观念、思想文化等软实力提高的过程。党的十八大以来,习近平总书记多次阐述提高国家文化软实力的重要性,指出一个国家综合实力最核心的还是文化软实力,"提高国家文化软实力,不仅关系我国在世界文化格局中的定位,而且关系我国国际地位和国际影响力,关系'两个一百年'奋斗目标和中华民族伟大复兴中国梦的实现"[①]。

第一节 文化软实力:国家综合实力的核心

文化软实力是国家综合实力的核心。国家综合实力通

---

① 习近平:《在十八届中央政治局第十二次集体学习时的讲话》(2013年12月30日),《习近平关于社会主义文化建设论述摘编》,中央文献出版社2017年版,第198页。

常是指一个国家所具有的能够有效维护和保障自身权利和权益的各种力量的总和，体现了一个国家生存与发展的基础。它通常包括经济总量、军事力量等硬实力，同时还应包括基于文化而产生的凝聚力、生命力、吸引力和影响力。进入21世纪以来，文化在经济社会发展中的作用日益凸显，提高文化软实力，关系中国在世界文化格局中的定位，关系中国国际地位和国际影响力，关系"两个一百年"奋斗目标和中华民族伟大复兴的中国梦的实现。特别是在中国大力推动"一带一路"建设的过程中，文化软实力可以为"一带一路"建设提供重要的软支撑。

一　文化软实力的基本内涵

"软实力"这一概念源自美国哈佛大学教授约瑟夫·奈，他认为，"软实力"是一个国家依靠其在政治价值观、文化和外交上的吸引力来影响他国偏好的能力。中国古贤早在数千年前就阐发了"软实力"的核心思想。比如，孔子的"修文德以来之"，孟子的"仁者无敌"思想："得天下有道：得其民，斯得天下矣；得其民有道，得其心，斯得民矣……爱人不亲，反其仁；治人不治，反其智；礼人不答，反其敬——行有不得者皆反求诸己，其身正而天下归之。"

当今世界，和平与发展已成为全球共同的主题。一个国家或民族在世界上的影响力既取决于它的硬实力，更取决于它的软实力。与"硬实力"相比，文化"软实力"应该是一种完全意义上的柔性力量，它以文化资源为基础，吸引受众主动接受和主动分享，体现出较为有力的影响力和吸引力。历史经验表明，一个国家的繁荣昌盛不仅要靠硬实力来支撑，更要注重发展软实力，只有硬实力和软实力相得益彰，相互促进，才能使该国的综合实力获得显著的提高。目前，中国GDP总量已经上升到了全球第二位，但文化影响力与经济地位之间仍存在一定差距，文化对经济发展的支撑作用仍需要进一步加强。

中国作为一个传统的文明大国，在经历了近现代的民族苦难之后，现在比历史上任何时期都更接近实现中华民族伟大复兴的目标。有效提升和增强中国文化软实力，使中国智慧成为人类智慧的重要组成部分，使中国人的生活方式成为一种新的生活典范，是我们在文化建设上面临的一项重要战略任务。

二 提高文化软实力关系中国的国际地位和国际影响力

近年来，随着中国经济社会的发展，国际社会对中国的关注度越来越高。国际社会很多人对中国发生的各种奇迹产生了浓厚的兴趣，他们想获得中国成功的秘籍，不断在追问"中国为什么能""中国共产党为什么能"。这些追问和探索逐渐加深了国际社会对中国发展道路的理性认识。但与此同时，国际社会对我们的误解也不少，出现了"中国威胁论""中国崩溃论"等论调。

自20世纪90年代以来，中国的崛起就始终伴随着国际社会对中国的各种指责之声。由于受西方文化中心主义观念以及意识形态的影响，某些国外传播媒介传播的关于中国文化信息不仅停留于一鳞半爪，而且往往带有严重偏见。这导致了国外受众不能充分认识和理解中国。

在这种复杂的形势下，要不断提高文化软实力，做到"讲好中国故事""展示真实、立体、全面的中国""传播好中国声音""阐释好中国特色"。一方面，改革开放以来，世界各领域的"中国元素"在不断增多，并被越来越多的各国民众所接纳。中国经验创造的世界奇迹是中国传统文化和智慧在当今中国的升华。虽然这种"中国元素"在相当大程度上是通过中国经济实力在发挥作用，但背后却是支撑中国经济发展的传统文化因素。另一方面，后冷战时代的今天，多极代替了两极，世界秩序的重建需要以世界文化的多元性与包容性为前提。中国传统哲学中提倡的"和而不同""尚中贵和"等理念，能够对构建以合作共赢为核心的新型国际关系提供理论上的支撑。

但现在国际舆论格局总体上仍是"西强我弱"，中国的对外话语体系尚未完全建立起来，在不少方面还没有话语权，甚至处于"无语"或"失语"状态。这导致中国发展优势和综合实力没有充分转化为话语优势。即使别人是信口雌黄，我们也往往有理说不出，或者说了影响也不大。因此，提高文化软实力，一个重要的方面是要推进中国国际传播能力建设，创新对外传播方式，精心构建对外话语体系，打造融通中外的新概念、新范畴、新表述。要多用外国民众听得懂、听得到、听得进的方式和途径，把我们想讲的和外国民众想听的结合起来，增强文化传播的亲和力，积极传播中华文化，阐释当代中国价值、中国精神，展现真实、立体、全面的中国，让世界对中国多一分理解，也多一分支持。

只有不断推进中国的国际传播能力建设，我们才能把我们想说的话说清楚、说明白。同时，我们要积极主动地让国际社会更多地了解我们，让正确的声音先入为主，使那些负面舆论和奇谈怪论没有一席之地。只有通过不断推进中国的国际传播能力建设，才能正确地回答国际社会关于"中国为什么能""中国共产党为什么能"的问题，才能有力地驳斥"中国威胁论""中国崩溃论"等错误论调，才能真正增强中国文化所能产生的凝聚力、生命力、吸引力和影响力，进而提高中国的国际地位和国际影响力。从这个意义上来说，提高文化软实力与提高中国的国际地位和国际影响力密切相关。

总之，中国文化已展现出其独特的价值和魅力，我们相信，中华传统文化经过创造性转化和创新性发展，同样可以服务全人类，尤其在后工业社会可以产生巨大的吸引力。这就要求我们应着力全面深化文化体制改革、改变国际文化传播的格局和方式、改变国际社会对中国的误读，以期不断提高文化软实力，改变中国在国际文化格局中的地位，进而提高中国的国际地位和国际影响力。

三 文化软实力关乎"两个一百年"奋斗目标和中华民族伟大复兴中国梦的实现

实现中华民族伟大复兴的中国梦，既要有强大的硬实力，包括政治、经济、科技、军事等，同时也离不开思想、文化、价值观等软实力。无论从历史还是现实的角度看，凡是在世界民族之林拥有一席之地的民族，必定在思想文化上既对内具有强大的渗透力、感召力，同时也对外界有着较强的辐射力、影响力。中华民族伟大复兴不能缺少文化内涵，文化对于实现"两个一百年"奋斗目标和中华民族伟大复兴中国梦，具有全面引领、境界提升的作用。

党的十八大强调，要在中国共产党成立一百年时全面建成小康社会，在中华人民共和国成立一百年时建成富强民主文明和谐的社会主义现代化国家。今天，中国坚定不移地进入中国特色社会主义建设新时代，已经实现了"温饱梦""总体小康梦"，现在正在努力实现"全面小康梦"和"现代化梦"。"中国梦"蕴含着中华民族的复兴心愿，更蕴含着中华民族崇高的理想信念。它就像灯塔一样为中国人民照亮前进的方向，凝聚共识，振奋人心。只有在"中国梦"的精神指引下，我们才能更加坚定地沿着中国特色社会主义道路，披荆斩棘，勇往向前，实现"两个一百年"的奋斗目标，继而实现中华民族伟大复兴的中国梦。因此，可以说，中华民族伟大复兴中国梦是远景，它照进"两个一百年"的奋斗目标的近景中来，两者交相辉映、相得益彰，汇聚着中国13多亿人无坚不摧的磅礴之力，正不断推动着这个古老的国度走向新时代的辉煌。

然而，任何远大的理想变成现实都不是一朝一夕的事情。实现"两个一百年"的奋斗目标和中华民族伟大复兴的中国梦，注定是一个艰难的过程。在实现"两个一百年"的奋斗目标和中华民族伟大复兴的中国梦过程中，必将遭遇一个又一个难以预料的困难和挑战，需要一代又一代中国人付出辛勤劳动。在当下和今后一段相当长的时期里，要动员、激励全体中华儿女为"两个一百年"的奋斗目标和中华民族伟大复兴的中国梦而持续团结奋斗，尤其离不开强大的思想保证和坚实的精神支撑。

文化将在其中起到相当重要的支撑和引领作用。习近平总书记在《文化是灵魂》一文中指出，"文化的力量，或者我们称之为构成综合竞争力的文化软实力，总是'润物细无声'地融入经济力量、政治力量、社会力量之中，成为经济发展的'助推器'、政治文明的'导航灯'、社会和谐的'黏合剂'"[①]。因此，要实现"两个一百年"的奋斗目标和中华民族伟大复兴中国梦，在客观上要求全体中国人民形成一种价值认同、前景认同。这同时意味着不仅中国国内对自身发展方向形成认同，也意味着世界各国对中国的发展理念形成认同。这种多维度认同的形成离不开文化软实力，离不开文化在凝聚共识方面的重要作用。

习近平总书记指出："一个国家、一个民族的强盛，总是以文化的兴盛为支撑的，中华民族伟大复兴需要以中华文化发展繁荣为条件。"[②] 任何一个国家的崛起与复兴，不仅要有强盛的经济和昌明的政治，更要有繁荣的文化。文化复兴是中华民族伟大复兴的应有之义。中华民族伟大复兴的中国梦要实现国家富强、民族振兴、人民幸福。这客观地要求经济、政治、文化、社会和生态"五位一体"

---

① 习近平：《文化是灵魂》（2005年8月12日），《之江新语》，浙江人民出版社2013年版，第149页。

② 习近平：《在山东考察时的讲话》（2013年11月24日—28日），《习近平关于社会主义文化建设论述摘编》，中央文献出版社2017年版，第3—4页。

的全面发展与繁荣；这客观地要求文化在其中发挥凝神聚力和精神引领的重要作用。进一步来说，中华文化的复兴，意味着中国民族精神的凝聚，意味着全国各族人民对社会主义核心价值观的认同，更意味着世界各国对中国发展理念、价值追求和中国智慧的认同。

总之，文化是民族生存和发展的重要力量。人类社会的每一次飞跃，都伴随着文化的进步，没有文明的继承和发展，没有文化的弘扬和繁荣，就没有"两个一百年"奋斗目标和中华民族伟大复兴中国梦的实现。因此，在当下和未来一段相当长的时期里，我们要努力为提高中国文化软实力谋篇布局，力争尽快构建与中国经济社会发展水平相适应，与中国深厚的文化底蕴和丰富的文化资源相适应的文化软实力。

四 为推进"一带一路"建设提供文化软支撑

2013年，习近平总书记在访问中亚和东南亚时，分别提出建设丝绸之路经济带和21世纪海上丝绸之路的倡议。建设"一带一路"，是党中央作出的重大决策，是实施新一轮扩大开放的重要措施；建设"一带一路"是着眼实现"两个一百年"奋斗目标和中华民族伟大复兴的中国梦，为进一步提高中国对外开放水平而提出的重大战略构想。"一带一路"贯穿欧亚大陆，东部连接亚太经济圈，西部进入欧洲经济圈。历史上，陆上丝绸之路和海上丝绸之路就是中国同中亚、东南亚、南亚、西亚、东非、欧洲经贸和文化交流的大通道，具有深厚的历史渊源和人文基础。

当前，中国顺应时代要求和各国加快发展的愿望，提出了"一带一路"的倡议，一方面实现了对古丝绸之路的传承和提升，另一方面也为沿线各国提供了一个包容开放的大平台。"一带一路"倡议体现了"睦邻、安邻、惠邻"的诚意和"与邻为善、以邻为伴"的友善，是承贯古今、连接中外、造福沿途各国人民的伟大事业，得到国际社会的广泛关注和积极支持。"一带一路"倡议的提出表明，中国已快速走出"国际战略模糊期"，开始全面加速区域和国际战略布局。2017年"一带一路"国际合作高峰论坛的召开，进一步推动了"一带一路"倡议在沿线国家和地区的落地和实施。

"一带一路"倡议是发展的倡议、合作的倡议、开放的倡议，强调的是共商、共建、共享的平等互利方式，追求的是沿线各国政策沟通、设施联通、贸易畅通、资金融通、民心相通。这要求我们要实现的互联互通，不仅是修路架桥，不光是平面化和单线条的联通，而是全方位、立体化、网络化的大联通，是生机勃勃、群策群力的开放系统。在这一倡议的实施过程中，文化的作用又至关重要。近年来，人们逐渐意识到，"一带一路"不仅是个经济贸易之路，而且应当是个文化友谊之路。习近平总书记曾多次强调，"国之交在民相亲"，而"民相亲"或"民心相通"的基础就是文化。没有文化向度的"一带一路"倡议只能形成短暂的利益共同体，却很难形成休戚与共、长期稳定的命运共同体。

因此，在建设"一带一路"的进程中，我们应当坚持文化先行，树立文化引领经济的高度自觉，通过进一步深化与沿线国家的文化交流与合作，促进区域合作，实现共同发展。但我们也要深刻地认识到,当今世界仍是充满政治博弈的世界,"一带一路"倡议真正落地与否,落地后能否稳定运行,不仅要看具体方案是否充分体现"互利双赢"原则,更取决于相关国家自上而下对中国是否具有必要的文化理解力和文化亲近感,这才是"国之交在民相亲"的深层内涵。

"文化"是一个多维度、多面向的复杂概念。跨国文化交流的形式也多种多样,包括文艺演出、举办展览、学者互访、留学教育、图书译介、视听产品的传播等。以上这些方式也是提高文化软实力的重要途径。只有不断丰富和创新文化交流的方式,才能持续增强相关国家对中国文化的理解力和亲近感。只有相关国家的民众对中国文化形成必要的文化理解力和文化亲近感,才能为"民心相通"奠定坚实的基础。只有实现了"民心相通",才能为加快"一带一路"建设、促进"一带一路"倡议的落地与实施提供必要保障,因此,提高文化软实力能够为推进"一带一路"建设提供软支撑。

总之,提高文化软实力关系中国国际地位和国际影响力,关系"两个一百年"奋斗目标和中华民族伟大复兴的中国梦的实现,也关系"一带一路"倡议的实施,因此,要把提高文化软实力作为一项长期且重要的战略任务来实施。

第二节　如何提高国家文化软实力

提高国家文化软实力是中国现阶段的一项重要任务,

> 建设新时代社会主义文化强国

如何提高国家文化软实力就成为当前中国亟须解决的重大命题。习近平总书记就这一重大命题进行的深刻阐释，为我们建设社会主义文化强国指明了方向。习近平总书记指出："要弘扬社会主义先进文化，深化文化体制改革，推动社会主义文化大发展大繁荣，增强全民族文化创造活力，推动文化事业全面繁荣、文化产业快速发展，不断丰富人民精神世界、增强人民精神力量，不断增强文化整体实力和竞争力，朝着建设社会主义文化强国的目标不断前进。"① 归纳来说，主要包括以下几个方面的内容。

一 要努力夯实国家文化软实力的根基

加强国内的文化建设是国家文化软实力的根基。提高国家文化软实力要求"形于中而发于外"。只有坚持走中国特色社会主义文化发展道路，切实加强中国国内文化建设，中华文化才能持续产生凝聚力、生命力、吸引力和影响力。夯实国家文化软实力的根基要求培育和践行社会主义核心价值观，广泛开展理想信念教育，大力弘扬爱国主义精神和时代精神。夯实文化软实力的根基，要求加强思想道德建设，继承和弘扬传统美德，坚持马克思主义道德观，在去粗存精、去伪存真的基础上，坚持古为今用、推陈出新，努力实现中华传统美德的创造性转化、创新性发展，引导人们向往和追求讲道德、尊道德、守道德的生活，让13亿人的每一分子都成为传播中华美德、中华文

---

① 习近平：《提高国家文化软实力》（2013年12月30日），《习近平谈治国理政》，外文出版社2014年版，第160页。

化的主体。

现阶段中国文化领域面临的主要问题包括：市场经济原则在文化领域贯彻不力，以宪法和法律为基础的体制建设往往被束之高阁，不得不依赖出台各种政策打通市场通道和弥补制度性的缺陷，而这种政策往往会因政治周期的更替而变化。公共文化服务体系建设中存在着多头管理、资源分散，公共文化供给与群众需求脱节、区域城乡发展不均衡，缺乏统一标准、刚性要求和有效考核等问题。

随着中国经济进入新常态，文化发展领域也要继续推进文化体制改革，重质量、调结构，完善机制，健全体系，充分发挥市场在资源配置中的主导作用，从而不断激发全民族的文化创造力，推动社会主义文化大发展大繁荣。具体而言，要实施重大文化工程和文化名家工程，健全文化管理体制，构建现代文化市场体系，提高文化开放水平，形成有利于创新创造的文化发展环境；大力发展文化事业，推进公共文化服务标准化、均等化，引导文化资源向城乡基层倾斜，创新公共文化服务方式，以人民群众的文化需求为基本导向，保障人民基本的文化权利。

加快文化产业发展，推动文化产业结构优化升级，发展骨干文化企业和创意文化产业，培育新型文化业态，扩大和引导文化消费，推动文化产业成为国民经济支柱性产业。2009年7月，中国国务院常务会议审议通过了《文化产业振兴规划》，提出要进一步完善政府支持文化产业发展的财税和土地政策等，鼓励非营利文化单位的转企改制,甚至上市融资。天创国际演艺制作交流有限公司是较早成立的营利性文化企业,它在2010年收购了密苏里州布兰森的白宫剧院。收购后上演的第一场剧目便是《功夫传奇》。由此可见,只有不断创新和完善文化体制,做大做强中国的文化产业,才能成功地向世界充分展示中华文化的独特价值和魅力。

需要强调的是,文化产品是具有意识形态属性的特殊商品,因此,在全面深化文化体制改革和大力发展文化产业的过程中,要始终把握好意识形态属性和产业属性、社会效益和经济效益之间的关系,始终把社会效益放在首位。要坚持以人民为中心的工作导向,实现社会效益和经济效益相统一,有效激发全民族的文化创造力。

总之,要提高文化软实力,必须夯实文化软实力的根基。"要紧紧围绕建设社会主义核心价值体系、建设社会主义文化强国,完善文化管理体制和文化生产经营机制,建立健全现代公共文化服务体系、现代文化市场体系来做好工作,以此推动社会主义文化大发展大繁荣。"[①]

二 传播当代中国价值观念

价值观是文化的核心,传播价值观念是提高文化软实力的重要手段和途径。当代中国价值观念,就是中国

---

① 习近平:《在中央全面深化改革领导小组第二次会议上的讲话》(2014年2月28日),《习近平关于全面深化改革论述摘编》,中央文献出版社2014年版,第90页。

特色社会主义价值观念，代表了中国先进文化的前进方向。中国成功地走出了一条中国特色的社会主义道路，实践证明我们的道路、我们的理论体系、我们的制度是成功的。当代中国价值观念就是我们在建设中国特色社会主义过程中形成的价值观念，体现了我们的"道路自信、理论自信、制度自信和文化自信"。提高文化软实力，要努力使当代中国价值观念在国外民众之间实现广泛传播和接受，也要将其同中国国内关于中国梦的宣传和阐释结合起来。

在国内，要把传播当代中国价值观念与中国梦的宣传和阐释结合起来。中国梦意味着中国人民和中华民族的价值体认和价值追求，意味着全面建成小康社会、实现中华民族伟大复兴，意味着每一个人都能在为中国梦的奋斗中实现自己的梦想，意味着中华民族团结奋斗的最大公约数，意味着中华民族为人类和平与发展作出更大贡献的真诚意愿。

因此，要从哲学、历史、文化、社会、生活等方面全面阐释中国梦。要从历史层面、国家层面、个人层面、全球层面说清楚、讲明白，使中国梦成为传播当代中国价值观念的生动载体。对中国人民和中华民族的优秀文化和光荣历史，要加大正面宣传力度，通过学校教育、理论研究、历史研究、影视作品、文学作品等多种方式，加强爱国主义、集体主义、社会主义教育，引导中国人民树立和坚持正确的历史观、民族观、国家观、文化观，增强做中国人的骨气和底气。

我们处于一个"世界文化激荡"的时代。美国等西方发达国家非常重视对外文化交流与传播，西方文化也对中国文化形成很大的冲击。中国有丰富的文化资源、独特的文化价值和魅力，但我们在"文化走出去"方面仍存在诸多困难，主要表现在以下几个方面：

第一，中国文化产业发展水平不高，对外文化贸易占比较低。尽管近年来中国文化产业发展增速较快，但质量不够高，结构也不够合理。这导致中国核心文化产品和服务贸易仍存在逆差，对外文化贸易在对外贸易中的占比仍较低。

第二，文化信息传播处于劣势，现代传播体系建设相对滞后。经过多年发展，中国重点媒体已经具备了打造国际一流媒体的良好基础和条件。但与国际大型传媒集团相比，中国重点媒体在制播能力、传播能力、新媒体发展能力等方面还有明显的差距，国际舆论影响力、国际事务话语权还相对较弱。

第三，对现代传播技巧的掌握和话语体系建设有待进一步加强。利用现代传播技巧，就是要通过深入研究国外受众心理特点和接受习惯，运用国外受众听得懂、易接受的方式和语言，增强信息内容的吸引力和影响力，以达到贴近中国和世界发展的实际，贴近国外受众对中国信息的需求，贴近国外受众的思维习惯的目的。

第四，中国哲学社会科学领域还存在一些亟待解决的问题。当前中国面临社会思想观念和价值取向日趋活跃、主流和非主流同时并存，社会思潮纷纭激荡的新形势。在这种新形势下，中国哲学社会科学的地位更加重要、任务更加繁重。但哲学社会科学还处于有数量缺质量、有专家缺大师的状况，发展战略不十分明确，存在学科体系、学术体系、话语建设水平不高，学术原创力还不强等问题。以上这些困境和不足妨碍了世界各国正确而充分地了解与领略当代中国价值观念的真谛和价值，妨碍了中国文化和中国学术走出去，也妨碍了中国国际地位和国际影响力的提高。

因此，习近平总书记指出："提高国家文化软实力，要努力提高国际话语权。要加强国际传播能力建设，精心构建对外话语体系，发挥好新兴媒体作用，增强对外话语的创造力、感召力、公信力，讲好中国故事，传播好中国声音，阐释好中国特色。"[①] 宣传阐释中国特色，要讲清楚每个国家和民族的历史传统、文化积淀、基本国情不同，其发展道路必然有着自己的特色；讲清楚中华文化积淀着中华民族最深沉的精神追求，是中华民族生生不息、发展壮大的丰厚滋养；讲清楚中华优秀传统文化是中华民族的突出优势，是我们最深厚的文化软实力；讲清楚中国特色社会主义植根于中华文化沃土、反映中国人民意愿、适应中国和时代发展进步要求，有着深厚的历史渊源和广泛的现实基础。

三　展示中华文化独特魅力

中华优秀传统文化是我们最深厚的文化软实力。习近平总书记多次强调，提升国家文化软实力，必须深深扎根

---

① 习近平：《提高国家文化软实力》（2013年12月30日），《习近平谈治国理政》，外文出版社2014年版，第162页。

于中华优秀传统文化，从中华优秀传统文化的丰厚沃土中汲取营养。2013年8月，他在全国宣传思想工作会议上指出："中华优秀传统文化是中华民族的突出优势，是我们最深厚的文化软实力"①；同年12月，他在十八届中央政治局第十二次集体学习时再次指出："中华文化是我们提高国家文化软实力最深厚的源泉，是我们提高国家文化软实力的重要途径"②；2014年10月，在十八届中央政治局第十八次集体学习时他再次强调，"中华优秀传统文化是我们最深厚的文化软实力，也是中国特色社会主义植根的文化沃土"③。在文艺工作座谈会上，他进一步指出，"中华优秀传统文化是中华民族的精神命脉，是涵养社会主义核心价值观的重要源泉，也是我们在世界文化激荡中站稳脚跟的坚实根基"④。

中华传统文化是中国文化软实力取之不尽用之不竭的思想源泉。中国拥有5000多年文明史，中华传统文化博大精深、源远流长。它既是全国各族人民交流融合而形成

---

① 习近平：《把宣传思想工作做得更好》（2013年8月19日），《习近平谈治国理政》，外文出版社2014年版，第155页。

② 习近平：《在十八届中央政治局第十二次集体学习时的讲话》（2013年12月30日），《习近平关于全面建成小康社会论述摘编》，中央文献出版社2016年版，第109页。

③ 习近平：《在十八届中央政治局第十八次集体学习时的讲话》（2014年10月13日），《人民日报》2014年10月14日第1版。

④ 习近平：《在文艺工作座谈会上的讲话》（2014年10月15日），人民出版社2015年版，第25页。

的精神财富，也是中华文明与其他文明交流互鉴的优秀成果。它包含着具有鲜明民族特色并能够体现时代精神的价值追求和生存智慧。中华优秀传统文化既为中华儿女构建了永恒的精神家园，也能为解决当今人类所共同面临的问题提供中国方案。中国有着以和为本的价值观和依靠德行赢得尊重的传统，这在文化多样化的当下具有相当大的吸引力。所以，要提高文化软实力，就是要把这种中国方案传播出去，不仅要立足本国，更要面向世界。

这就要求我们讲清楚中华优秀传统文化的历史渊源、发展脉络、基本走向，讲清楚中华文化的独特创造、价值理念、鲜明特色，增强文化自信和价值观自信。具体来讲，"要系统梳理传统文化资源，让收藏在禁宫里的文物、陈列在广阔大地上的遗产、书写在古籍里的文字都活起来。要以理服人，以文服人，以德服人，提高对外文化交流水平，完善人文交流机制，创新人文交流方式，综合运用大众传播、群体传播、人际传播等多种方式展示中华文化魅力"[①]。

总之，中华优秀传统文化正是中华民族的突出优势，因此，我们务必要厘清传统文化资源的脉络，借助有效的人文交流机制和方式，向更多的国家和民族展示古老中华永不褪色的文化魅力，使中国文化获得更多人的理解和认可。

---

① 习近平：《提高国家文化软实力》（2013年12月30日），《习近平谈治国理政》，外文出版社2014年版，第161—162页。

四 讲好中国故事

习近平总书记分别从历史文化、国情特色、外交政策和中国特色社会主义本质等角度，阐释了塑造"四种形象"的重要意义。他强调，"要注重塑造我国的国家形象，重点展示中国历史底蕴深厚、各民族多元一体、文化多样和谐的文明大国形象，政治清明、经济发展、文化繁荣、社会稳定、人民团结、山河秀美的东方大国形象，坚持和平发展、促进共同发展、维护国际公平正义、为人类作出贡献的负责任大国形象，对外更加开放、更加具有亲和力、充满希望、充满活力的社会主义大国形象"[1]。

如上文所述，近年来，随着中国经济社会发展和国际地位的提高，国际社会对中国的关注度也越来越高。很多人对中国发生的奇迹有着浓厚的兴趣，但也有一些西方媒体，一直在"唱衰"中国，抹黑和扭曲中国的形象。在这种复杂的形势下，要求讲好中国故事，塑造好中国的国家形象，这也是提高国家文化软实力的重要组成部分。

近年来，中国在拓展对外传播平台，讲好中国故事方面做了相当多的工作：首先当属中国在海外开办的孔子学院。随着中国经济的发展和国际交往的日益广泛，世界各国对汉语学习的需求急剧增长。为推动汉语加快走向世界，提升中国语言文化影响力，从2004年开始，中国在借鉴英、法、德、西等国推广本民族语言经验的基础上，

---

[1] 习近平：《提高国家文化软实力》（2013年12月30日），《习近平谈治国理政》，外文出版社2014年版，第162页。

探索在海外设立以教授汉语和传播中国文化为宗旨的非营利性教育机构"孔子学院"。截至 2017 年 12 月 31 日，中国已在 146 个国家和地区建立了 525 所孔子学院、1113 个孔子课堂。其次是中国媒体展开的全球攻略。仅以《人民日报》为例，该报目前有阿拉伯语、俄语、法语、日语、英语和西班牙语 6 个外语版本，已经跻身全球最佳品牌 500 强。

尽管如此，我们仍要清醒地认识到，要讲好中国故事，传播好中国声音，阐释好中国特色，必须不断加强国际传播能力建设，针对不同国家和地区受众的不同心理需求和接受方式，准确制定不同的传播方案，使中国声音不仅能够"入耳"，更能"入心"。

讲好中国故事的同时，我们也在重塑中国的国家形象。为了提升中国的国家形象，国务院新闻办公室启动国家形象系列宣传片的拍摄工作，该片是为塑造和提升中国繁荣发展、民主进步、文明开放、和平和谐的国家形象而设立的重点项目，是在新时期探索对外传播新形式的一次有益尝试。宣传片共分为两个部分，第一部分是 30 秒长度的电视宣传片，第二部分是 15 分钟长度的短纪录片。30 秒的《人物篇》主要在国际主流媒体播放；15 分钟的长片则用于外事活动展示，如：使、领馆节庆，外交性质的酒会、茶会等播放。国家形象宣传片以英语为主。2011 年 1 月 17 日，30 秒时长的《人物篇》在美国纽约时代广场 6 块大型电子显示屏上每天播放 300 次，整整持续了一个月。

针对这两部形象宣传片，国内外都有一些批评的声音,特别指责《人物篇》过于关注名人、炫耀物质财富,而忽视了普通中国人、伤害了美国观众的自尊等。但从某种意义上来说,塑造国家形象也具有双重作用:对内增强我国人民的民族自尊心和自豪感;对外传播中国声音,让更多国家的人民了解和认识中国。这就进一步要求中国媒体善于运用现代传播技巧,认真研究受众心理需求,构建一套具有创造力、感召力、公信力的话语体系。

除此之外,特别要发挥好以互联网为代表的新兴媒体在国际话语传播中的作用。软实力是否有效取决于行为者在特定团体中的信誉以及行为者之间的信息流动。这就要求我们认真研究互联网传播规律,优化网络宣传方式,在确保网络安全的前提下,把互联网打造为在国际上讲述中国故事、发出中国声音,展示中国形象的新平台。

无论褒奖或批评,在讲好中国故事方面必须要积极主动,其中一个重要的原因就在于,尽管我们已经在国际上获得了一定的话语权,但如果我们的话语体系没有有效建构起来,我们在国际上就甚至可能处于"无语"或"失语"状态,中国的发展优势和文化软实力也不可能转化为话语优势,因此,我们要努力推进国际传播能力建设,创新对外宣传手段和方式,精心构建对外话语体系。多用外国民众听得到、听得懂、听得进的方式,积极传播当代中国价值观念、展示中华文化的独特魅力、讲好中国故事、塑造好中国的"四种形象"。

第七章

开展文明交流互鉴

不同文明之间的交流互鉴是人类文明发展与进步的重要动力。2014年3月，习近平总书记在访问联合国教科文组织时的演讲中指出，"文明因交流而多彩，文明因互鉴而丰富。文明交流互鉴，是推动人类文明进步和世界和平发展的重要动力"①。2014年9月，在纪念孔子诞辰2565周年国际学术研讨会上的讲话中，习近平总书记指出，"推进人类各种文明交流交融、互学互鉴，是让世界变得更加美丽、各国人民生活得更加美好的必由之路"②。在这次讲话中，他提出了推进文明交流互鉴的四项原则：维护世界文明多样性、尊重各国各民族文明、正确进行文明学习借鉴、科学对待文化传统。在多个场合的讲话中，习近平总书记对实现文明交流与互鉴的基本原则进行了系统表述。维护人类文明的多样性，促进文明间的相互尊重与包

---

① 习近平：《在联合国教科文组织总部的演讲》（2014年3月27日），《出席第三届核安全峰会并访问欧洲四国和联合国教科文组织总部、欧盟总部时的演讲》，人民出版社2014年版，第10页。

② 参见习近平《在纪念孔子诞辰2565周年国际学术研讨会暨国际儒学联合会第五届会员大会开幕会上的讲话》（2014年9月24日），人民出版社2014年版，第7—8页。

容，推动文明之间的对话与交流是习近平总书记关于文明交流与互鉴的重要论述的核心理念。

习近平总书记关于文明交流与互鉴的系列重要论述，建立在对文明起源、发展和作用的深刻认识的基础上，代表着迈向伟大复兴的中华民族对全球化和网络化时代人类文明交流互动规律的根本认识。这些认识是新的历史环境下中华文明与世界各国各民族文化交流交融的基本遵循，也是各国各民族之间文明交流交往的基本原则。

第一节　维护世界文化多样性

文明多样性是人类文明的客观现实，也是文明交流互鉴的前提和基础，尊重文明多样性才能为世界和平创造文化基础。历史证明，文明间的差异和不同并不必然导致冲突。"和而不同"更有利于文明之间发展。习近平总书记关于维护世界文化多样性的论述，既是马克思主义哲学观的体现，也是对中华文化开放包容、追求和平的文化基因的深刻总结，对于推进中华民族的伟大复兴、促进人类文明发展，以及维护世界和平都具有深远意义。

一　文明多样性是人类社会的客观现实

人类文明的多样性是文明交流互鉴的基础和前提。习近平总书记指出："文明是多彩的，人类文明因多样才有交流互鉴的价值。阳光有七种颜色，世界也是多彩的。一个国家和民族的文明是一个国家和民族的集体记忆。人类在漫长的历史长河中，创造和发展了多姿多彩的文明。从茹毛饮血到田园农耕，从工业革命到信息社会，构成了波澜壮阔的文明图谱，书写了激荡人心的文明华章。"①

从历史的维度来说，人类在漫长的历史长河中，创造和发展了丰富多样的文明形态。从原始社会到农业社会，从工业革命到信息社会，构成了波澜壮阔的文明图谱。在漫长的文明史中，每一种文明形态都有其存在的物质基础，每一次文明进步都是人类的进步。人类历史上各种不同文明都以各自的独特方式为人类的进步作出了重要贡献。

就每一种文明自身而言，其内在价值体系的形成都经历了独特而漫长的过程。受到地理环境、语言发展、人文环境等因素的复杂影响，不同的文化意识造就了不同的文明。这些文化意识以各种规范、义务、责任等形式不断强化，最终形成了不同的文化性格和价值观念。换言之，每一种文明的形成都能够寻找到其源头与合理性。"每一个民族都有它的根，它的物质和精神上的渊源可以一直追溯到历史蒙昧时期，每一个社会都要尊重它的传统。一个民族必须了解自己的价值系统、信仰和其他文化元素，这些文化元素对于各民族成员认识自己、彼此交流至关重要。"②

---

① 习近平：《在联合国教科文组织总部的演讲》（2014年3月27日），《出席第三届核安全峰会并访问欧洲四国和联合国教科文组织总部、欧盟总部时的演讲》，人民出版社2014年版，第10页。

② 联合国教科文组织、世界文化与发展委员会编：《文化多样性与人类全面发展——世界文化与发展委员会报告》，张玉国译，广东人民出版社2006年版，第34页。

>> 建设新时代社会主义文化强国

从现实的维度来说，文明是多彩的，差异和多样性构成了文明交流交融的前提，人类文明因多样才有交流互鉴的价值。习近平总书记指出："文明多样性是人类社会的基本特征。当今世界有70亿人口，200多个国家和地区，2500多个民族，5000多种语言。不同民族、不同文明多姿多彩、各有千秋，没有优劣之分，只有特色之别。"① 早在2000多年前的战国时期，中国哲学家孟子就曾指出，"夫物之不齐，物之情也。或相倍蓰，或相什百，或相千万"②。正是由文明的多样和不同，世界才生机勃勃。

中国传统文化认为，多样性与包容性是世界和谐的根本："万物并育而不相害，道并行而不相悖。"③ 各个民族选择什么样的价值观和发展道路是由其历史传统决定的。在一个文明形态丰富多样而又相互依存的世界上，各国各民族的文明只有相互包容、借鉴才能够促进自身的发展，人类文明也只有在各国各民族文明的交融交流中才能不断进步。

习近平总书记指出："文明多样性是人类社会的客观现实，是当代世界的基本特征。意识形态、社会制度、发展模式的差异，不应成为人类文明交流的障碍，更不能成

---

① 习近平：《弘扬和平共处五项原则　建设合作共赢美好世界——在和平共处五项原则发表60周年纪念大会上的讲话》（2014年6月28日），人民出版社2014年版，第10页。

② 《孟子·滕文公章句上》，见李学勤主编《十三经注疏·孟子注疏》，北京大学出版社1999年版，第149页。

③ 《礼记·中庸》，见《礼记训纂》，（清）宋彬撰，饶钦农点校，中华书局1996年版，第779页。

为相互对抗的理由。我们应该积极维护文明多样性,推动不同文明对话交流,相互借鉴而不是相互排斥,让世界更加丰富多彩。"① 我们需要在坚持民族优秀传统文化的基础上,倡导交流互鉴,汲取不同国家、不同民族创造的优秀文明成果,取长补短,兼收并蓄,共同绘就人类文明的美好画卷,进一步丰富中华文明的价值内涵和人民的精神世界。

二 文明多样性是世界和平的文化基础

文明多样性是人类存在的基本特征,也是认识和处理各民族文化之间关系的共识基础。只有尊重世界文化多样性的客观事实,才能够寻找到建立国际和平秩序的正确入口。

习近平总书记指出,正确对待不同国家和民族的文明,正确对待传统文化和现实文化,是我们必须把握好的一个重大课题。为此,首先应该坚持的原则即是要维护世界文明多样性。我们应该维护各国各民族的文明多样性,加强相互交流、相互学习、相互借鉴,而不应该相互隔膜、相互排斥、相互取代,这样世界文明之园才能生机盎然。历史反复证明,任何想用强制手段来解决文明差异的做法都不会成功,反而会给世界文明带来灾难。在人类历史上,面对战争和暴力的威胁,人们历来希望通过彼此尊

---

① 习近平:《加强文化交流、促进世界和平——在第61届法兰克福国际书展开幕式上的致辞》(2009年10月13日),《人民日报》2009年10月14日第3版。

重、平等相待、发展教育、普及科学、消除隔阂来播撒和平理念的种子。"这样一种期待，这样一种憧憬，是我们今天依然要坚守的。不仅要坚守，而且要通过跨国界、跨时空、跨文明的教育、科技、文化活动，让和平理念的种子在世界人民心中生根发芽，让我们共同生活的这个星球生长出一片又一片和平的森林。"①

当今世界上的局部冲突不是文明本身的相异性导致的，而是由于发展的不平衡、权利的不平等、资源的不对等等复杂原因造成。文明的不同非但不是冲突或战争的根由，而是各种文明相互借鉴、共同发展的基石。联合国教科文组织倡导在国际社会建立一种"和平文化"，主张依靠和平谈判来消除分歧，化解冲突。和平文化缔造的前提条件是对文化多样性的认同、尊重与包容，以及在此基础上的交往对话。"只要某个文明利用自然和历史的馈赠，对其他文明进行政治、精神和道德上的压迫，人类就没有和平可言。"因此，和平的文化保证是各文明的彼此尊重、相互平等，是各个文明自身通过价值内核对和平的执着追求，是从人类文明发展的广阔进程中寻求丰富多样的和平智慧并自觉应用于全球各种文明之间的交流与交融的过程。

为了维护世界和平，建立良好的国际政治秩序，首先

---

① 习近平：《在联合国教科文组织总部的演讲》（2014年3月27日），《出席第三届核安全峰会并访问欧洲四国和联合国教科文组织总部、欧盟总部时的演讲》，人民出版社2014年版，第9页。

必须具有平等的、包容的文明观。只有尊重不同文明、平等对待不同文明，良好的国际政治秩序——平等相待、互商互谅的伙伴关系——才具有文化的和心理的基础。习近平总书记在第七十届联合国大会一般性辩论时的讲话中强调，"世界各国一律平等，不能以大压小、以强凌弱、以富欺贫。主权原则不仅体现在各国主权和领土完整不容侵犯、内政不容干涉，还应该体现在各国自主选择社会制度和发展道路的权利应当得到维护，体现在各国推动经济社会发展、改善人民生活的实践应当受到尊重"[①]。每个民族国家都有选择社会制度和发展道路的自由，这种选择是由不同的文化观念、不同的历史情由，以及不同的国情决定的。世界各国应当彼此尊重对方的制度选择、道路选择、文化选择，良好的国际政治秩序才具备形成的基础。

中华文明历来热爱和平，以和为贵。包容差异、提倡和合是中华民族长久以来的不懈追求。习近平总书记指出，"中国人自古就推崇'协和万邦'、'亲仁善邻，国之宝也'、'四海之内皆兄弟也'、'远亲不如近邻'、'亲望亲好，邻望邻好'、'国虽大，好战必亡'等和平思想"[②]。《礼记·乐记》中谈道："乐者为同，礼者为异。同则相

---

① 习近平：《携手构建合作共赢新伙伴，同心打造人类命运共同体——在第七十届联合国大会一般性辩论时的讲话》（2015年9月28日），《习近平在联合国成立70周年系列峰会上的讲话》，人民出版社2015年版，第15—16页。

② 习近平：《在纪念孔子诞辰2565周年国际学术研讨会暨国际儒学联合会第五届会员大会开幕会上的讲话》（2014年9月24日），人民出版社2014年版，第3页。

亲,异则相敬。"正是因为"物之不齐"才有所谓"和"之境界与追求。在中华文化中,"和"与"平""宁""谐""同"等范畴相关联,"和"之意义由音声相应相和引申为"和谐""和平"。《左传·襄公十一年》记载了晋侯"八年之中,九合诸侯,如乐之和,无所不谐"。"和"作为中国哲学的一个重要范畴,是基于物之多样性、相异性的客观事实而形成的一种文化观念,并由此成为处理天人关系、物我关系、人人关系、内外关系的一种实践准则。在实现中华民族伟大复兴的历史过程中,我们应该始终遵循中华文明对和平的自觉追求,推动世界走向永久和平。

习近平总书记关于文化交往所倡导的多样、平等、尊重、包容等理念与原则,是构建良好的国际政治秩序的文化前提。遵循这些原则,各国各民族的全面交往才能实现双赢、多赢、共赢。各国才能在国际和区域层面建设全球伙伴关系,走出一条"对话而不对抗,结伴而不结盟"的国与国交往的新路。

第二节 开展文明交流与互鉴

文明交流互鉴的核心是不同文明之间的平等与包容关系问题,其目标指向则是人类文明的未来图景和人类未来的和平与发展所在。在文明交流互鉴的系列重要讲话中,习近平总书记关于对文明交流互鉴的意义、路径乃至对于提升国家文化软实力的重大作用都进行了深刻阐述。倡导和推动文明交流互鉴,基于文明多样性的客观事实,表达了对世界和平发展的期望。

第七章　开展文明交流互鉴

一　交流与互鉴是文明发展进步的动力

习近平总书记关于文明交往的一系列重要论述体现了知行合一的追求。"知"即是前述的对人类文化多样性特征的认识、对各种文明所应恪守的态度。"行"则是主张文明交流与互鉴，这里体现了历史唯物主义的真知灼见：从已然发生的人类文明史上看，人类文明的进步无不建立在文明间的交流与互鉴之上；从中国未来的发展展望，中华文化的发展依旧离不开与世界其他文明的交流与借鉴；从世界未来的发展看，人类的发展离不开文明的交流与互鉴。

习近平总书记指出："不同文明凝聚着不同民族的智慧和贡献，没有高低之别，更无优劣之分。文明之间要对话，不要排斥；要交流，不要取代。人类历史就是一幅不同文明相互交流、互鉴、融合的宏伟画卷。我们要尊重各种文明，平等相待，互学互鉴，兼收并蓄，推动人类文明实现创造性发展。"[①] 人类文明多样性赋予这个世界姹紫嫣红的色彩，多样带来交流，交流孕育融合，融合产生进步。

文明交流互鉴必须以平等、包容、尊重和对话为认识论前提，不能妄自尊大，也不能妄自菲薄。对于每种文明

[①] 习近平：《携手构建合作共赢新伙伴，同心打造人类命运共同体——在第七十届联合国大会一般性辩论时的讲话》（2015年9月28日），《习近平在联合国成立70周年系列峰会上的讲话》，人民出版社2015年版，第18页。

的优点与不足要有客观、公正的认识。以自身的文化土壤和传统为基础，以开放、包容的胸怀，平等地对待每一种文明，尊重每一种文明，才能够有效地开展文化交往活动。首先，"人类文化绚丽多姿、令人眼花缭乱的多样性，恰恰根植于最普遍的人性"[①]。不同文化之间之所以能够相互沟通、借鉴，是因为人类有着大体相似的生活经验，从而能够在面对问题与困境时，从彼此间寻找到补充或灵感。其次，在每种文化内部又区分为不同的共同体，比如性别、语言、宗教等，不同文化中相同的性别、语言、宗教上的共同体，可能会持有相似的观念、习惯。最后，随着社会的发展变化，如何看待传统与现代，同一文化内部容易产生分歧，而在他者文化中可能寻找到新的解释。于是，不同文化间的交流与互鉴就有了基础和可能。[②] 因此，促进人类群体之间的交流合作，这对人的发展至关重要。

深刻理解习近平总书记关于文明交流与互鉴的重要论述，需要从两个层面下功夫。

第一，人类的文明史就是一部交流互鉴史。人类的进步发展史是生产力进步的历史，更是一部各文明之间交往互动的历史。只有交流互鉴，一种文明才能充满生命力。只有在不断交流、比较、借鉴中，文明才被注入

[①] 联合国教科文组织、世界文化与发展委员会编：《文化多样性与人类全面发展——世界文化与发展委员会报告》，张玉国译，广东人民出版社2006年版，第32页。

[②] 同上书，第2—3页。

生机、赋予活力。中华文明经历了 5000 多年的历史变迁，但始终一脉相承，积淀着中华民族最深层的精神追求，代表着中华民族独特的精神标识，为中华民族生生不息、发展壮大提供了丰厚滋养。中华文明是在中国大地上产生的文明，也是同其他文明不断交流互鉴而形成的文明。中华民族的形成过程就是一个文化不断交流、融合的过程。作为中国传统社会主流意识形态的儒家思想不仅吸收融合了法家、道家和阴阳家等本土的思想资源，也吸收借鉴了某些来自境外的文化资源，如源自印度的佛学思想。可以说，没有交流与互鉴，中华文明就不会如此灿烂辉煌。

  历史上，帝国的扩张、殖民活动、贸易、战争、宗教传播、民族交融等因素都曾经是文明互动交流的重要形式。但从根本上讲，文明的交往与互动是由生产力的发展决定的。这一过程，也是世界历史的形成过程。在人类文明早期，文明的交往的范围是地域性的，即便在雅斯贝尔斯《历史的起源与目标》一书中所描述的"轴心时代"，印度文明、希腊文明、希伯来文明、伊朗文明和中国文明也只是在各自文明圈内进行着文明的整合与交流，各文明圈之间以至世界性的普遍交流远未建立。世界性的文明交往，是随着大航海时代的到来和欧洲文明在全球的引领性地位的建立而开展的，这一过程伴随着欧洲列强对世界其他的地区野蛮掠夺和血腥殖民活动，同时也是欧洲先进生产力向全球传播的过程。马克思和恩格斯在谈到大工业发展对世界历史的影响时曾说，"它首次开创了世界历史，因为它使每个文明国家以及这些国家中的每一个人的需要的满足都依赖于整个世界,因为它消灭了各国以往自然形成的闭关自守的状态"①。在这一过程中,"各个相互影响的活动范围在这个发展过程中越是扩大,各民族的原始封闭状态由于日益完善的生产方式、交往以及因交往而自然形成的不同民族之间的分工消灭得越是彻底,历史也就越是成为世界历史"②。

20世纪70年代以来,随着全球化时代的到来,人员、资本和科学技术在世界各国之间的跨境流动达到空前的高度,世界各国的文明也随之交流被卷入到全球化浪潮中,一场文明交往领域的全球化运动随之兴起。由各国各民族的文明共同构成的世界文明,极大地丰富了所有人的文化选择权和享有权。但由于世界各国在发展水平上的巨大差距,这一轮全球化过程中,各国之间的文化与文明交往依然存在着巨大的不平衡。美国借助英语在全球语言中的天然优势地位和本国强大的经济实力,以及文化产业的强大优势,成为全球文明交往中的霸权一方,其文化产品和媒介体系对其他国家的文化发展构成强烈冲击,就连西方发达国家也深深感受到这种强大的文明冲击波。加拿大和法国为抗衡美国文化产品对本国文化产业的挤压提出了"文化例外"的主张,试图以此抵抗美国文化的"碾压",为本国文化的独立性和文化产业发展提供保护。与此同时,其他国家也希望以"文化例外"为策略应对美国及其他发

---

① 《马克思恩格斯文集》第1卷,人民出版社2009年版,第566页。

② 同上书,第540—541页。

达国家在文化产业和文化传播领域的强大影响力,保护本国的传统文化和传媒体系。

20世纪90年代以来,在联合国以及世界各国的共同推动下,维护世界文化多样性的策略逐步取代了"文化例外"斗争策略,成为全球性的文化共识。联合国教科文组织于2005年11月9日通过的《保护和促进文化表现形式多样性公约》中进一步明确指出文化多样性是人类的一项基本特性,是人类的共同遗产,应当为了全人类的利益对其加以珍爱和爱护。这一公约的"序言"部分特别指出,"意识到文化多样性创造了一个多姿多彩的世界,它使人类有了更多的选择,得以提高自己的能力和形成价值观,并因此成为各社区、各民族和各国可持续发展的一股主要推动力"[①]。《保护和促进文化表现形式多样性公约》是人类首次尝试以全球共识的形式,推动各国各民族文明之间通过文化产品和服务贸易进行文明交往的标志性成果,开创了人类文明交流互鉴的新时代。

全球文明交往的空前便利也使不同文明之间失去了从前由宗教边界、民族国家边界和自然空间边界所形成的缓冲区和区隔带。一些在全球化过程中处于弱势或劣势的文明内部出现了文化保守主义、文化孤立主义和原教旨主义思潮,成为全球文明交流的重大挑战。由此,不同文明之间的价值观差异成为人们在充分享受全球化的红利之际必须面对的问题。

---

① 文化部外联局编:《联合国教科文组织保护世界文化公约选编》,法律出版社2006年版,第1页。

>> 建设新时代社会主义文化强国

联合国教科文组织和世界文化与发展委员会在《文化多样性与人类全面发展——世界文化发展委员会报告》中指出:"世上没有孤立存在的文化。没有任何文化能够形成一个封闭的整体。所有的文化都受到其他文化的影响,反过来也影响着其他文化。"① 中华文明之所以源远流长,是由于包容、融合了多种文化的结果。在联合国教科文组织总部的演讲中,习近平总书记通过回溯中华民族5000多年的文明史,强有力地论证了文明交流与互鉴的重大意义。

当今世界,由于科技、交通,尤其是信息和互联网的发展,为文化的沟通创造了极其便捷的条件。生活在不同文化、宗教、社会制度里的人们,彼此的经济交往和文化交往越来越紧密,形成了你中有我、我中有你的命运共同体。人类从未像今天这样紧密地联系在一起,而且这种全球化的趋势不可阻挡。在这个多元文明的世界中,沟通与对话显得尤其重要。

第二,文明交流互鉴促进了人类文明的共同进步。在联合国教科文组织总部的演讲中,习近平总书记列举了中国文化与西方文化交往的典型事件,阐明不同文化间的交往共同促进了人类文明的进程。中国的造纸术、火药、印刷术、指南针四大发明带动了世界变革,推动了欧洲文艺复兴的发生(造纸术和印刷术加速了欧洲的文艺复兴和宗教改革运动,火药成为西欧市民阶层摧毁封建堡垒的有力

---

① 联合国教科文组织、世界文化与发展委员会编:《文化多样性与人类全面发展——世界文化与发展委员会报告》,张玉国译,广东人民出版社2006年版,第16页。

武器，指南针引领了欧洲航海业的发展和世界市场的开拓）。罗素在《西方哲学史》中回顾了不同文明间交流与传承的历史："阿拉伯人不久接受了东罗马帝国的文明……他们的学者阅读希腊文件并加以注疏。亚里士多德的名气主要得归功于他们……代数学是亚历山大港的希腊人所发明的，但是后来被阿拉伯人更向前推进了一步……阿拉伯人从事炼金术时，还援引过希腊的哲学……唯有他们（而不是基督徒）才是只有在东罗马帝国被保存下来了的那些希腊传统的直接继承人。在西班牙，以及在较小的程度上也在西西里，与回教徒的接触才使得西方知道亚里士多德；此外还有阿拉伯的数字、代数学与化学。正是由于这一接触才开始了 11 世纪的文艺复兴，并引导到经院哲学……从 13 世纪以后，对希腊文的研究才使人能够直接去翻阅柏拉图与亚里士多德或者其他的古代希腊作家们的著作。"[①] 这些重要的文化交流活动，树立起一座座人类文明发展的里程碑。人类文明的每一次重要进步都是在交流与互鉴中取得的。

文明交流互鉴是人类发展进步的内在要求。文明交流互鉴要求尊重每一种文明的独特价值，强调文明的特殊性、独特性，文明与特定民族和国家内在关联性。在西方思想史上，从赫尔德到斯宾格勒，从汤因比到亨廷顿，都是从特殊性的角度来看待文明及其演进的。这种视角，有利于克服进步主义和本质主义历史观对文明的地域性、民

---

① ［英］罗素：《西方哲学史》上卷，何兆武、李约瑟译，商务印书馆 1991 年版，第 356—357 页。

族性、复杂性、多样性和有机性的重视不足,对于揭示每一种文明的历史性、合理性和独特性具有重要意义。当今世界,强调不同文明在价值上的差异性、独特性,有利于处于不同发展阶段、存在不同价值取向的不同文明之间平等交流和相互借鉴。

从生产力发展的规律而言,这种平等交流和相互借鉴必然会从总体上促进全人类的共同进步。马克思、恩格斯在《共产党宣言》中论证了资本主义必然灭亡、社会主义必然胜利这"两个必然":"资产阶级的灭亡和无产阶级的胜利是同样不可避免的。"[1] 马克思在《〈政治经济学批判〉序言》中提出了"两个决不会":"无论哪一个社会形态,在它所能容纳的全部生产力发挥出来以前,是决不会灭亡的;而新的更高的生产关系,在它的物质存在条件在旧社会的胎胞里成熟以前,是决不会出现的。"[2] 这两个著名的科学论断共同揭示了人类社会历史发展的规律,构成了人类文明发展进步理论的基石。

从长远讲,资本主义文明要被社会主义文明全面取代。但从现实出发,当今时代,资本主义社会仍然具有一定的生产力发展空间,作为一种社会制度的资本主义仍将长期存在,社会主义与资本主义的制度竞争也将长期存在。提升和发展生产力依然是中国特色社会主义发展进步的重要历史任务。因此,我们要充分认识习近平总书记关

---

[1] 《马克思恩格斯文集》第 2 卷,人民出版社 2009 年版,第 43 页。

[2] 同上书,第 592 页。

于文明交流互鉴的重要论述对于维护世界和平和促进各国共同发展的进步的时代意义,积极参与各国各民族文明之间的交流互鉴,提升国家文化软实力,开创中华文明的新辉煌新高度。同时,也要认识到,维护人类文明多样性、推动文明互鉴与推动人类文明历史性、整体性进步,以及在更高层次上寻求人类文明的共同价值是内在一致的。

二 开展文明交流互鉴

平等地对待不同文明,包容和尊重不同文化的价值,人类才能够集众所长,共同应对各种困境与难题;才能够将文化多样性的客观事实转化为人类社会发展的活力和动力,实现费孝通先生所说的美美与共,天下大同。

(一) 平等对待各种文明。习近平总书记在联合国教科文组织总部的演讲中指出:"文明是平等的,人类文明因平等才有交流互鉴的前提。各种人类文明在价值上是平等的,都各有千秋,也各有不足。世界上不存在十全十美的文明,也不存在一无是处的文明,文明没有高低、优劣之分。"[①] 要了解各种文明的真谛,必须秉持平等、谦虚的态度。历史和现实都表明,傲慢和偏见是文明交流互鉴的最大障碍。

平等是全球交往伦理的重要原则,贯穿在人类文明交

[①] 习近平:《在联合国教科文组织总部的演讲》(2014年3月27日),《出席第三届核安全峰会并访问欧洲四国和联合国教科文组织总部、欧盟总部时的演讲》,人民出版社2014年版,第11页。

流交往的每一个领域。人生而平等，不论阶级、性别、种族、团体和年龄，人人都享有平等的权利。世界文化与发展委员会主席佩雷斯·德奎利亚尔在《文化多样性与人类全面发展——世界文化与发展委员会报告》中指出，世界文化与发展委员会"每个成员都坚持平等的原则，坚信人类平等应该世代相传。每个成员都充分肯定人类追求进步与改良的普遍意义，相信人们能通过不同途径取得相同的目标。每个成员都坚信文化是解释人类行为不同模式的核心成分，是促进人类可持续发展的决定因素"[①]。认识到不同文明地位之平等是文明交往的前提。只有具备平等的文明意识才能够发现各种文明的价值，才能够包容和尊重不同的文明，进而在文明交往中相互借鉴，共同促进人类文明的进步。

在人类文明发展史上，西方社会在经历启蒙运动后率先进入了工业文明，生产力取得巨大进步。与此同时，西方相对于其他国家巨大的文明优势也催生了"西方中心论"，排斥和轻视其他文明的价值。事实已经证明，"西方中心论"并不利于人类的共同进步，相反，它成为文明发展的阻力和冲突所在。只有不抱偏见，平等看待各种文明的存在价值，才能更好地促进人类文明的繁荣和发展。

（二）秉持包容精神。每一种文明都具有自己独特的价值和内容，因而才得以在世界文明之林中相互区分。这

---

① 联合国教科文组织、世界文化与发展委员会编：《文化多样性与人类全面发展——世界文化与发展委员会报告》，张玉国译，广东人民出版社2006年版，第3页。

些彼此迥异的文明因子构成了姹紫嫣红、丰富多彩的世界文化。中国传统文化主张"和而不同",认为即便各种观点彼此不同,也能互相取长补短、和谐共存。在当今世界,要做到这一点,首先要具有包容不同价值观、不同生活方式、不同意识形态、不同社会制度的气度和格局。

习近平总书记指出,人类文明因包容才有交流互鉴的动力。他引用法国文豪雨果的名言"世界上最宽阔的是海洋,比海洋更宽阔的是天空,比天空更宽阔的是人的胸怀"[1],强调对待不同文明,我们需要比天空更宽阔的胸怀。他指出:"我们要促进和而不同、兼收并蓄的文明交流。"[2] 人类文明多样性赋予这个世界姹紫嫣红的色彩,多样带来交流,交流孕育融合,融合产生进步。

人类创造的各种文明都是劳动和智慧的结晶。每一种文明都为人类发展贡献了智慧和力量。因此,即便各种文明之间具有迥异的价值观、生活方式,以至社会制度,彼此都应该具有包容的气度,理解其存在的合理性。而不应该首先存了优劣等差的心思,轻视他种文化的意义和价值。联合国教科文组织和世界文化与发展委员会在《文化多样

---

[1] 习近平:《在联合国教科文组织总部的演讲》(2014年3月27日),《出席第三届核安全峰会并访问欧洲四国和联合国教科文组织总部、欧盟总部时的演讲》,人民出版社2014年版,第15页。

[2] 习近平:《携手构建合作共赢新伙伴,同心打造人类命运共同体——在第七十届联合国大会一般性辩论时的讲话》(2015年9月28日),《习近平在联合国成立70周年系列峰会上的讲话》,人民出版社2015年版,第18页。

性与人类全面发展——世界文化与发展委员会报告》中指出，包容的本身就是建设性的积极态度："尊重不仅意味着容忍，它还暗含着对他人的一种更积极的态度——为别人与自己不同的生活方式、为他们富于创造性的多样性而鼓舞喝彩。"[①] 不同文明凝聚着不同民族的智慧和贡献，没有高低之别，更无优劣之分。在一个文明多样化世界中，一个文明越是具有包容的气度，越能够取得长足的发展和进步。

中华文明的形成史是文化包容、文化融合的历史。对于外来文明，中华文化绝少抵触、排斥，相反总是努力包容外来文明，并将其有益的部分移植在自己的文化土壤中，这种"海纳百川"与"不择细流"的包容态度造就了中华文明的厚重和伟大，形成了"五色交辉，相得益彰；八音合奏，终和且平"的文化格局。中国文明倡导的"和而不同"的理念、求同存异的文化策略，为人类文明的共存互鉴开拓了宽广的道路。

（三）相互尊重，彼此借鉴。在人类历史上，每一种文明都对人类进步作出过自己的努力，各种文化之间应当彼此尊重。只有相互尊重，才能够在文化交往中相互借鉴，取长补短。只有相互尊重，才能够在文化交往中获得创造性转化和创新性发展，为人类的共同进步提供智慧源泉。

习近平总书记指出："文明相处需要和而不同的精神。只有在多样中相互尊重、彼此借鉴、和谐共存，这个世界

[①] 联合国教科文组织、世界文化与发展委员会编：《文化多样性与人类全面发展——世界文化与发展委员会报告》，张玉国译，广东人民出版社2006年版，第1页。

才能丰富多彩、欣欣向荣。不同文明凝聚着不同民族的智慧和贡献，没有高低之别，更无优劣之分。文明之间要对话，不要排斥；要交流，不要取代。人类历史就是一幅不同文明相互交流、互鉴、融合的宏伟画卷。我们要尊重各种文明，平等相待，互学互鉴，兼收并蓄，推动人类文明实现创造性发展。"①

尊重建立在对各种文明存在价值的认识之上，建立在辩证地分析"他我关系"的基础之上。习近平总书记指出：要尊重各国各民族文明。本国本民族要珍惜和维护自己的思想文化，也要承认和尊重别国别民族的思想文化。每个国家、每个民族不分强弱、不分大小，其思想文化都应该得到承认和尊重。②

尊重是进行文化交往的基本前提之一。文明交往过程中，只有怀着尊重之心，才能够客观地分析尺之所长、寸之所短，才能够择其善与不善，博采众长为我所用。失去了尊重之心，人类文明发展之路就进入到狭隘、局促之境。

实现各种文明之间的相互尊重，是关心人类文明前景的思想家共识。熊十力先生提出："将来世界大同，犹赖各种

---

① 习近平：《携手构建合作共赢新伙伴，同心打造人类命运共同体——在第七十届联合国大会一般性辩论时的讲话》（2015年9月28日），《习近平在联合国成立70周年系列峰会上的讲话》，人民出版社2015年版，第18页。

② 习近平：《在纪念孔子诞辰2565周年国际学术研讨会暨国际儒学联合会第五届会员大会开幕会上的讲话》（2014年9月24日），人民出版社2014年版，第9页。

文化系统，各自发挥其长处，以便互相比较，互相观摩，互相取舍，互相融合，方有大同之福。否则人类精神，将有颓废之忧。"① 钱穆先生认为，人类要在未来建立起一个理想的世界文化，必然要以不同文明之间相互尊重和取长补短为前提。在他看来，"世界文化之创兴，首在现有各地各体系之各别文化，能相互承认各自之地位。先把此人类历史上多姿多彩各别创造的文化传统，平等地各自尊重其存在。然后能异中求同，同中见异，又能集异见同，采纳现世界各民族相异文化优点，来会通混合建造出一个理想的世界文化"②。杜维明认为，在一个行将到来的全球共同体中，"对多样性的真正接受使我们可以从由衷的宽容走向相互尊重，并最终达到彼此间的欣然肯定"③。费孝通先生所提出的"各美其美，美人之美，美美与共，天下大同"④ 这一十六字箴言，充分体现了中国传统智慧对当代文明交往的启迪，而文明间的相互尊重则是"天下大同"的伦理基础。

（四）开展文明对话交流。开展文明对话是文明交流互鉴的重要途径。2013年6月，习近平总书记在墨西哥参议院的演讲中指出，中拉要加强文明对话和文化交流，不

---

① 熊十力：《中国学术思想的自立之道》，载《中国现代学术经典·熊十力卷》，河北教育出版社1996年版，第533页。

② 钱穆：《中国历史研究法》，台北东大图书公司1988年版，第126页。

③ ［美］杜维明：《儒家传统与文明对话》，彭国翔译，人民出版社2010年版，第89页。

④ 费孝通：《文化与文化自觉》，群言出版社2016年版，第448页。

仅"各美其美",而且"美人之美,美美与共",成为不同文明和谐共处、相互促进的典范。①2014年2月,习近平总书记在俄罗斯索契会见希腊总统帕普利亚斯时提出,中希两国都是文明古国,相互具有很强的吸引力,双方要加强人文交流,促进文明对话互鉴。②2014年3月在联合国教科文组织总部,2015年3月在博鳌亚洲论坛年会开幕式上,2018年4月在博鳌亚洲论坛年会开幕式上,习近平总书记反复强调指出,不同文明没有优劣之分,只有特色之别。要促进不同文明不同发展模式交流对话,在竞争比较中取长补短,在交流互鉴中共同发展,让文明交流互鉴成为增进各国人民友谊的桥梁、推动社会进步的动力、维护地区和世界和平的纽带③。

文明对话是人类文明交流互鉴的重要方式,它通过促进不同文明之间的相互理解与包容,寻求人类文明共识,促进文明交流,维护人类和平。20世纪90年代以来,全

---

① 习近平:《推动中拉关系实现新的更大发展》,《习近平谈治国理政》,外文出版社2014年版,第311—312页。

② 《习近平会见希腊总统帕普利亚斯》,《人民日报》2014年2月8日第1版。

③ 习近平:《出席第三届核安全峰会并访问欧洲四国和联合国教科文组织总部、欧盟总部时的演讲》,人民出版社2014年版,第15页;《迈向命运共同体 开创亚洲新未来——在博鳌亚洲论坛2015年年会开幕式上的主旨演讲》,《人民日报》2015年3月29日第1版;《开放共创繁荣 创新引领未来——在博鳌亚洲论坛2018年年会开幕式上的主旨演讲》,人民出版社2018年版,第8页。

球知识界为文明对话提出了一系列目标性议题,包括全球伦理、跨越不同宗教的普遍伦理、文明之间的交叠共识、不同文明在价值观领域的最大公约数、各文明之间的共享价值或可分享价值,等等。在联合国层面,则有《保护和促进文化表现形式多样性公约》的出台。

联合国教科文组织是全球文明对话的重要倡导者和发起者,它提倡在坚持文化多样性基础上的文明对话。1998年联合国大会通过53/22号决议,确定2001年为"各种文明间对话年"。2000年9月,联合国教科文组织在乌兹别克斯坦的塔什干地区举办了宗教间对话的国际会议,着重探讨伊斯兰文明与基督教文明之间的对话与理解。2001年4月,联合国教科文组织在立陶宛的维尔纽斯召开了"文明间对话的国际会议",会议在世界文化多样性、各种文明的平等与尊严等方面达成共识。2001年11月9日,联合国教科文组织第31届会议通过了《世界文化多样性宣言》。2002年12月20日,联合国教科文组织宣布从2003年开始把5月21日定为世界文化多样性促进对话和发展日,确认文化多样性与文明对话之间存在密切联系。2003年9月,在哈萨克斯坦首都阿斯塔纳举行的首届世界宗教大会,中国代表团提出了宗教在国际社会中发挥促进和平作用所要遵循的五条原则,即兼容、交流、对话、共处、进步。2004年开始,联合国教科文组织举办"世界文化论坛",探讨包括文化多样性在内的文化问题。2004年2月,联合国教科文组织在也门萨那举办"文化与文明间对话"专门讨论会,涉及阿拉伯文化对其他文化的贡献、东西方文化的对话等论题。2004年12月,联合国教科文组织在越南河内举办了亚太地区"和平与持续发展"文化与文明对话大会。2005年10月，联合国教科文组织大会通过了《保护和促进文化表现形式多样性公约》，该公约于2007年3月18日正式生效。2007年10月，马其顿共和国文化部与联合国教科文组织联合举办"世界宗教与文明对话会议"，会议主题为"宗教与文化对和平的贡献，互敬与共存"。2009年9月，联合国教科文组织第35届大会第34C/4号文件继续明确了推动文明对话和文化多样性的行动纲领。

我国是世界文明对话的积极参与方和倡导方。"尼山世界文明论坛"以中国古代伟大的思想家、教育家孔子诞生地尼山命名，以联合国倡导的开展世界不同文明对话为主题，以维护世界文化多样性、促进不同文化交流、推动建设和谐世界为目的，以国际性与开放性以及学术性与民间性的结合，积极开展全球文明之间的对话交流。

太湖世界文化论坛是我国创立的一个高层次、非官方的国际文化论坛。太湖世界文化论坛致力于推动世界文明的对话以及区域文明的合作，打造一个永久、开放、多元、包容的高层对话平台。该论坛倡导和而不同、求同存异的价值理念，主张不同文明平等相待，加强对话与合作，促进世界和谐与发展。2011年5月18—19日，太湖世界文化论坛的前身——太湖文化论坛首届年会在苏州太湖召开，主题为"加强文明对话与合作，促进世界和谐与发展"，探讨不同文明的历史启示和现实价值，以及人类应对共同挑战、增进世界和谐、政府与民间在共建世界和谐中的作用等重要议题。

> 建设新时代社会主义文化强国

在国家层面，我国政府创办了中国—拉共体论坛、中非合作论坛、中欧论坛、中国—阿拉伯国家合作论坛、"一带一路"国际合作高峰论坛等多个国际合作与交流的对话平台，这些论坛对于促进中国与世界的合作，以及推动中国与世界各国的文明对话都发挥了巨大作用，体现了中国对推动世界文明对话的责任担当和卓越贡献。

文明对话对于促进世界和平、实现文明共享与文明互鉴无疑具有重大的作用。党的十九大报告明确指出，"要尊重世界文明多样性，以文明交流超越文明隔阂、文明互鉴超越文明冲突、文明共存超越文明优越"[①]。不断发展的全球对话文明必然会推动各国民族间的文明交融与互鉴持续深入，取得丰富成果。深刻理解并自觉遵循习近平总书记关于开展文明对话的重要论述，对于推动我国与世界各国各文明之间的文明交流与交融，实现文明互鉴、民心相通，提升国家文化软实力都具有重大意义。

三 构建人类命运共同体

近年来，习近平总书记多次论及"命运共同体"概念，包括国与国之间的命运共同体、区域命运共同体、网络空间命运共同体和人类命运共同体，具体包括"中国—东盟命运共同体""中非命运共同体""中阿利益共同体和命运共同体""中拉命运共同体""亚洲命运共同体"，

---

① 习近平：《决胜全面建成小康社会 夺取新时代中国特色社会主义伟大胜利——在中国共产党第十九次全国代表大会上的报告》（2017年10月18日），人民出版社2017年版，第59页。

等等。对"命运共同体"的倡导，体现了中国共产党人对全球化和网络空间背景下人类共同利益和共同命运的深刻把握，以及追求和平发展与合作共赢的时代理念。

2013年3月，习近平总书记在莫斯科国际关系学院演讲时首次提出了人类命运共同体的概念，他说："这个世界，各国相互联系、相互依存的程度空前加深，人类生活在同一个地球村里，生活在历史和现实交汇的同一个时空里，越来越成为你中有我、我中有你的命运共同体。"①2015年9月，在第七十届联合国大会一般性辩论时，习近平总书记提出，"我们要继承和弘扬联合国宪章的宗旨和原则，构建以合作共赢为核心的新型国际关系，打造人类命运共同体"②。2017年1月17日、18日，习近平总书记在瑞士出席世界经济论坛2017年年会、"共商共筑人类命运共同体"高级别会议期间，连续发表两场主旨演讲，先后提出"牢固树立人类命运共同体意识"的中国主张和"构建人类命运共同体，实现共赢共享"③的中国方案。2017年1月19日，习近平总书记在联合国总部发表了题

---

① 习近平：《顺应时代前进潮流，促进世界和平发展——在莫斯科国际关系学院的演讲》，《习近平谈治国理政》，外文出版社2014年版，第272页。

② 习近平：《携手构建合作共赢新伙伴，同心打造人类命运共同体——在第七十届联合国大会一般性辩论时的讲话》（2015年9月28日），《习近平在联合国成立70周年系列峰会上的讲话》，人民出版社2015年版，第15页。

③ 《习近平出席"共商共筑人类命运共同体"高级别会议并发表主旨演讲》，《人民日报》2017年1月20日第1版。

为《共同构建人类命运共同体》的演讲。演讲围绕关系人类前途命运的重大主题,从历史和现实的角度全面系统地阐述了构建人类命运共同体的必要性与迫切性。

构建人类命运共同体的基本出发点是当今世界人类发展所面临的历史环境。一方面,人类正在面临新一轮科技所引领的大发展大变革大调整,全球各国的命运紧紧联系在一起。"人类正处在大发展大变革大调整时期。世界多极化、经济全球化深入发展,社会信息化、文化多样化持续推进,新一轮科技革命和产业革命正在孕育成长,各国相互联系、相互依存,全球命运与共、休戚相关,和平力量的上升远远超过战争因素的增长,和平、发展、合作、共赢的时代潮流更加强劲。"① 另一方面,诸多的新挑战新危机需要人类共同面对与承担。"同时,人类也正处在一个挑战层出不穷、风险日益增多的时代。世界经济增长乏力,金融危机阴云不散,发展鸿沟日益突出,兵戎相见时有发生,冷战思维和强权政治阴魂不散,恐怖主义、难民危机、重大传染性疾病、气候变化等非传统安全威胁持续蔓延。"② 在世界处于大发展大变革大调整的背景下,"没有哪个国家能够独自应对人类面临的各种挑战,也没有哪个国家能够退回到自我封闭的孤岛"③。建构人类命运共同

---

① 习近平:《习近平谈治国理政》第 2 卷,外文出版社 2017 年版,第 538 页。
② 同上。
③ 习近平:《决胜全面建成小康社会 夺取新时代中国特色社会主义伟大胜利——在中国共产党第十九次全国代表大会上的报告》(2017 年 10 月 18 日),人民出版社 2017 年版,第 58 页。

体是习近平新时代中国特色社会主义思想为全球实现永久和平和可持续发展所奉献的中国智慧和中国方案，对于推进全球治理体系和国际秩序朝向更公平更合理的方向发展、避免战争和对抗、消弭不同国家间发展水平的鸿沟，以及推动全人类实现更和谐更公平地发展都具有重要的现实作用与历史意义。

共同建构人类命运共同体，需要尊重人类文明重要的价值共识，并以开放包容的理念创新全球治理体系。首先，建构人类命运共同体需要尊重人类文明的重要价值共识和历史实践。习近平总书记指出，"纵观近代以来的历史，建立公正合理的国际秩序是人类孜孜以求的目标。从360多年前《威斯特伐利亚和约》确立的平等和主权原则，到150多年前日内瓦公约确立的国际人道主义精神；从70多年前联合国宪章明确的四大宗旨和七项原则，到60多年前万隆会议倡导的和平共处五项原则，国际关系演变积累了一系列公认的原则。这些原则应该成为构建人类命运共同体的基本遵循"[1]。习近平总书记还指出，主权平等，是数百年来国与国规范彼此关系最重要的准则，也是联合国及所有机构、组织共同遵循的首要原则。新形势下，我们要坚持主权平等，推动各国权利平等、机会平等、规则平等。[2] 建构人类命运共同体是人类历史上前所未有的伟大实践，这是一个开放的、指向人类未来美

---

[1] 习近平：《习近平谈治国理政》第2卷，外文出版社2017年版，第539页。

[2] 同上。

好前景的探索过程。这一过程,也是世界各国共同探索并不断扩大全人类价值共识和共同价值的实践过程。其次,建构人类命运共同体需要创新全球治理体系。一是要充分发挥国际组织在全球治理中的重要作用。如联合国、世界贸易组织、世界卫生组织、世界知识产权组织、世界气象组织、国际电信联盟、万国邮政联盟、国际移民组织、国际劳工组织等机构。二是要坚持对话协商、共建共享、合作共赢、交流互鉴、绿色低碳的原则,建设一个持久和平、普遍安全、共同繁荣、开放包容、清洁美丽的世界。① 三是要坚持以四大模式进行全球治理:要坚持创新驱动,打造富有活力的增长模式;要坚持协同联动,打造开放共赢的合作模式;要坚持与时俱进,打造公正合理的治理模式;要坚持公平包容,打造平衡普惠的发展模式。②

2017年10月,习近平总书记在党的十九大报告中明确将坚持推动构建人类命运共同体列为新时代坚持和发展中国特色社会主义的基本方略。党的十九大强调:"中国人民的梦想同各国人民的梦想息息相通,实现中国梦离不开和平的国际环境和稳定的国际秩序。必须统筹国内国际两个大局,始终不渝走和平发展道路、奉行互利共赢的开

---

① 参见习近平《习近平谈治国理政》第2卷,外文出版社2017年版,第541—544页。

② 习近平:《共担时代责任 共促全球发展——在世界经济论坛2017年年会开幕式上的主旨演讲》(2017年1月17日),《习近平谈治国理政》第2卷,外文出版社2017年版,第480—482页。

放战略，坚持正确义利观，树立共同、综合、合作、可持续的新安全观，谋求开放创新、包容互惠的发展前景，促进和而不同、兼收并蓄的文明交流，构筑尊崇自然、绿色发展的生态体系，始终做世界和平的建设者、全球发展的贡献者、国际秩序的维护者"①。这标志着努力推动建构人类命运共同体已经成为中国共产党领导的全体人民的共同目标。

"一带一路"倡议是构建人类命运共同体的重要实践。2013年9月，在哈萨克斯坦纳扎尔巴耶夫大学的演讲中，习近平总书记提出建设"丝绸之路经济带"的倡议。2013年10月3日，习近平总书记在印度尼西亚国会发表演讲，首次提出共同建设21世纪"海上丝绸之路"的倡议。"一带一路"倡议提出4年多来，已经有100多个国家和国际组织参与，40多个国家和国际组织与中国签署合作协议，覆盖人口44亿，约占全球人口的63%，参与各方生产总值约23万亿美元，占全球生产总值的29%。"一带一路"倡议提出以来，已经成为全球最大的合作发展行动。

2015年3月，中国政府在博鳌亚洲论坛2015年年会期间发布了《推动共建丝绸之路经济带和21世纪海上丝绸之路的愿景与行动》，提出要以"政策沟通、设施联通、贸易畅通、资金融通、民心相通"为主要内容，打

---

① 习近平：《决胜全面建成小康社会 夺取新时代中国特色社会主义伟大胜利——在中国共产党第十九次全国代表大会上的报告》（2017年10月18日），人民出版社2017年版，第25页。

造"一带一路"沿线国家政治互信、经济融合、文化互容的利益共同体、责任共同体和命运共同体。"一带一路"倡议所奉行的"五通"目标与和平之路、繁荣之路、开放之路、创新之路、文明之路的"五路"愿景，充分体现了和平合作、开放包容、互学互鉴、互利共赢为核心的丝路精神。

"一带一路"倡议将创新、协调、绿色、开放、共享的中国理念与世界的发展紧密融合，体现了以习近平同志为核心的党中央的理论自信和对人类前途和命运的深切关怀。在政治领域，"一带一路"国际合作奉行民心相通，和平发展，公平正义；在经济领域，"一带一路"国际合作奉行设施大联通、经济大融合、发展大联动、成果大共享，着力解决发展失衡、治理困境、数字鸿沟、分配差距等问题，建设开放、包容、普惠、平衡、共赢的经济全球化；在文化领域，"一带一路"国际合作积极推动各国相互理解、相互尊重、相互信任，努力实现文明交流超越文明隔阂、文明互鉴超越文明冲突、文明共存超越文明优越。[①] 从这些实践和价值取向可以看出，"一带一路"倡议已经成为中国倡导和积极推动的"人类命运共同体"的重要实践平台。

文明交流互鉴是构建人类命运共同体的重要抓手。文化上的尊重与理解是打造人类命运共同体的心理基础。

---

① 习近平：《携手推进"一带一路"建设——在"一带一路"国际合作高峰论坛开幕式上的演讲》，《人民日报》2017年5月15日第3版。

在这一心理基础之上,努力建构并不断扩大人类命运共同体的价值共识或全球伦理意义上的"最大公约数",无疑是文明交流互鉴的重要使命。正如习近平总书记所指出的,"每种文明都有其独特魅力和深厚底蕴,都是人类的精神瑰宝。不同文明要取长补短、共同进步,让文明交流互鉴成为推动人类社会进步的动力、维护世界和平的纽带"①。

世界从未像今天这样紧密地联系在一起,从自然环境到经济发展,从政治外交到文化生活,无不构成复杂的网络。没有一个国家可以离开其他国家而独自发展。构建人类命运共同体的中国方案,以相互依赖、利益交融、休戚与共为依据,以和平发展、合作共赢为目标,以开放包容、交流互鉴为准则,开启了国际关系的新战略。"人类命运共同体"方案,超越了民族、国家和意识形态的界限,体现了大国境界与大国担当,是中华民族对人类进步事业的重大理论贡献。

习近平总书记立足于中华文化和中华民族的发展前途,立足于人类文明的历史和未来世界的发展方向,将文化与发展的关系、文化与人类和平的关系乃至文化与人类命运共同体的关系提升到了新的高度,是马克思主义的历史唯物主义和辩证唯物主义哲学观的具体体现,是对中华

---

① 习近平:《共同构建人类命运共同体——在联合国日内瓦总部的演讲》(2017年1月18日),《习近平主席在出席世界经济论坛2017年年会和访问联合国日内瓦总部时的演讲》,人民出版社2017年版,第29页。

文明开放包容、热爱和平传统的创造性转化和创新性发展，也是对人类文明发展大势的高瞻远瞩。伴随着"一带一路"倡议的推进，文明交流互鉴将在更加宽广的世界舞台上展开，中华民族的伟大复兴也必将在构建人类命运共同体的伟大实践中得以实现！

参考文献

马克思主义经典著作及中国国家领导人著作

《马克思恩格斯选集》第1卷，人民出版社1995年版。

《马克思恩格斯选集》第2卷，人民出版社1995年版。

《马克思恩格斯选集》第3卷，人民出版社1995年版。

《马克思恩格斯文集》第1卷，人民出版社2009年版。

《马克思恩格斯文集》第2卷，人民出版社2009年版。

《毛泽东选集》第2卷，人民出版社1991年版。

《毛泽东文集》第3卷，人民出版社1996年版。

《毛泽东文集》第5卷，人民出版社1996年版。

《邓小平文选》第2卷，人民出版社1994年版。

《邓小平文选》第3卷，人民出版社1993年版。

《邓小平年谱（1975—1997）》（下），中央文献出版社2004年版。

习近平：《摆脱贫困》，福建人民出版社1992年版。

习近平：《之江新语》，浙江人民出版社2013年版。

习近平：《干在实处　走在前列——推进浙江新发展的思考与实践》，中共中央党校出版社2013年版。

习近平：《在纪念毛泽东同志诞辰120周年座谈会上的讲

话》（2013年12月26日），人民出版社2013年版。

习近平：《出席第三届核安全峰会并访问欧洲四国和联合国教科文组织总部、欧盟总部时的演讲》，人民出版社2014年版。

习近平：《青年要自觉践行社会主义核心价值观——在北京大学师生座谈会上的讲话》（2014年5月4日），人民出版社2014年版。

习近平：《习近平谈治国理政》，外文出版社2014年版。

习近平：《在纪念孔子诞辰2565周年国际学术研讨会暨国际儒学联合会第五届会员大会开幕会上的讲话》（2014年9月24日），人民出版社2014年版。

习近平：《习近平在联合国成立70周年系列峰会上的讲话》，人民出版社2015年版。

习近平：《在文艺工作座谈会上的讲话》（2014年10月15日），人民出版社2015年版。

习近平：《在哲学社会科学工作座谈会上的讲话》（2016年5月17日），人民出版社2016年版。

习近平：《在全国党校工作会议上的讲话》（2015年12月11日），人民出版社2016年版。

习近平：《在庆祝中国共产党成立95周年大会上的讲话》（2016年7月1日），人民出版社2016年版。

习近平：《在纪念红军长征胜利80周年大会上的讲话》（2016年10月21日），人民出版社2016年版。

习近平：《在中国文联十大、中国作协九大开幕式上的讲话》（2016年11月30日），人民出版社2016年版。

习近平：《决胜全面建成小康社会 夺取新时代中国特色社会主义伟大胜利——在中国共产党第十九次全国代表大会上的报告》（2017年10月18日），人民出版社2017年版。

习近平：《习近平谈治国理政》第2卷，外文出版社2017年版。

习近平：《习近平主席在出席世界经济论坛2017年年会和访问联合国日内瓦总部时的演讲》，人民出版社2017年版。

专著、文集

（清）焦循撰：《孟子正义》（上），中华书局1987年版。

（清）宋彬撰：《礼记训纂》，饶钦农点校，中华书局1996年版。

本书编写组：《托起中国梦——学习习近平同志在十二届全国人大一次会议上的讲话》，新华出版社2013年版。

陈来：《中华文明的核心价值——国学流变与传统价值观》，生活·读书·新知三联书店2016年版。

费孝通：《论文化与文化自觉》，群言出版社2005年版。

李学勤主编：《十三经注疏·孟子注疏》，北京大学出版社1999年版。

联合国教科文组织、世界文化与发展委员会编：《文化多样性与人类全面发展——世界文化与发展委员会报告》，张玉国译，广东人民出版社2006年版。

刘梦溪主编：《中国现代学术经典·熊十力卷》，河北教育出版社1996年版。

钱穆:《中国历史研究法》,台北东大图书公司1988年版。

中共中央文献研究室编:《习近平关于全面深化改革论述摘编》,中央文献出版社2014年版。

中共中央文献研究室编:《习近平关于全面建成小康社会论述摘编》,中央文献出版社2016年版。

中共中央文献研究室编:《习近平关于社会主义文化建设论述摘编》,中央文献出版社2017年版。

中共中央文献研究室编:《习近平总书记重要讲话文章选编》,中央文献出版社、党建读物出版社2016年版。

中共中央宣传部编:《习近平总书记系列重要讲话读本(2016年版)》,学习出版社、人民出版社2016年版。

[美] 杜维明:《儒家传统与文明对话》,彭国翔译,人民出版社2010年版。

[日] 池田大作、[英] 阿诺德·汤因比:《展望21世纪——汤因比、池田大作对话录》,国际文化出版公司1997年版。

[英] 阿诺德·汤因比:《历史研究》,刘北成、郭小凌译,世纪出版集团、上海人民出版社2005年版。

[英] 罗素:《西方哲学史》上卷,何兆武、李约瑟译,商务印书馆1991年版。

期刊

习近平:《辩证唯物主义是中国共产党人的世界观和方法论》,《求是》2019年第1期。

刘云山:《着力培育和践行社会主义核心价值观》,《求是》2014年第2期。

钱穆：《中国文化对人类未来可有的贡献》，《中国文化》1991年第1期。

孙奕整理：《中国的利益就是世界的利益——法国前总理拉法兰外交学院演讲摘录》，《视野》2006年第7期。

《汤因比的预言：中国文明将照亮21世纪》，《社会观察》2013年第3期。

云杉：《文化自觉　文化自信　文化自强》，《红旗文稿》2010年第15—17期。

报纸

习近平：《领导干部要读点历史——在中央党校2011年秋季开学典礼上的讲话》（2011年9月1日），《学习时报》2011年9月5日第1版。

习近平：《在中央党校建校80周年庆祝大会暨2013年春季学期开学典礼上的讲话》（2013年3月1日），《人民日报》2013年3月3日第2版。

习近平：《共创中韩合作未来　共襄亚洲振兴繁荣——在韩国国立首尔大学的演讲》（2014年7月4日），《人民日报》2014年7月5日第2版。

习近平：《在十八届中央政治局第十八次集体学习时的讲话》（2014年10月13日），《人民日报》2014年10月14日第1版。

陈振凯、雷龚鸣、何美桦整理：《习近平谈文化自信》，《人民日报》（海外版）2016年7月13日第12版。

《夯实国家文化软实力根基》，《新华日报》2014年1月1日第1版。

《坚持以人民为中心的创作导向　创作更多无愧于时代的优秀作品》,《人民日报》2014年10月14日第1版。

《建设社会主义文化强国　着力提高国家文化软实力》,《人民日报》2014年1月1日第1版。

《认真贯彻党的十八届三中全会精神　汇聚起全面深化改革的强大正能量》,《人民日报》2013年11月29日第1版。

万群、赵国梁:《坚守发展和生态两条底线　切实做到经济效益社会效益生态效益同步提升——习近平总书记参加贵州代表团审议侧记》,《贵州日报》2014年3月10日第1版。

王蒙:《文化自信的历史经验与责任》,《光明日报》2016年9月22日第11版。

《胸怀大局把握大势着眼大事　努力把宣传思想工作做得更好》,《人民日报》2013年8月21日第1版。

中共中央办公厅、国务院办公厅:《关于实施中华优秀传统文化传承发展工程的意见》,《人民日报》2017年1月26日第6版。

索　引

B

标识性概念　65—67
本土化　63—65,73,119

C

创造性转化　15,38,42,52,
　61,98,99,107,114,136,
　139,184,190,220,234
创新性发展　15,38,42,52,
　61,98,99,107,114,136,
　139,184,190,220,234

D

当代中国文化创新　139
道路自信　18,28,31—40,109,
　151,193

G

革命文化　23,24,27,29,30,
　35,38,42—44,47—50,57,
　118
工作创新　171,176—179
国际地位　69,70,180—182,
　184,189,195,198
国际影响力　74,75,132,170,
　180—182,184,189,195
国家综合实力　32,180

J

价值共识　81,83,229,230,
　233
价值追求　24,45,53,76,78,
　84,86,89,90,101,161,187,
　193,197
讲好中国故事　27,56,170,
　183,195,198—200
基本遵循　144,149,159,161,
　165,202,229

L

理论自信　18,28,31—40,62,109,151,193,232

M

马克思主义　1,20,27,28,38,52,53,57—59,61,63,64,66,71—73,78,84,90,98,99,110,119,138,140—142,146,148,154,155,158,163—166,170,171,176,190,202,233

R

人类命运共同体　67,85,130—132,207,209,219,221,226—234

人类文明　3,5,9,10,25,31,48,70,78,81,112,113,122,201,202,204—206,208,209,211,213—221,223,229,233,234

儒家思想　211

S

社会主义先进文化　20,21,23,24,27,29,30,35,38,42,47—50,57,95,117,190

社会主义核心价值观　1,23,32,35,38,41,43,47,48,53,54,76—86,88—105,110,114,115,117,126—129,151,158,187,190,192,196

四个自信　35,38

思想基础　19,39,68,78,145,155,156,159,176

W

文明多样性　201,202,204,205,208,209,217,219,226

文化建设　1,11,18,43,48,68,85—86,88,89,107,149,150,158,176,180,182,186,190

文化强国　1,2,14,23—25,27,33,38,41,47,50,67—69,74,145,190,192

文化软实力　2,6,21,32,47,56,68,69,86,111,112,118,120,145,180—184,186,187,189,190,192,193,195—198,200,208,217,226

文化自信　1,2,4,16—18,20—42,47,49—52,56,57,62,67,

68,74,98,128,151,193,197

文明 2,3,5,7—15,19,21,23—25,29,31,33,35,41,43,44,48—54,61,66,68,70,71,76—79,81,84,86—89,91,95,99—101,103,105,107—110,112,113,116—122,127—130,135,137—140,145,146,148,149,152,154,158,169,182,185—187,196—198,199,201—226,229,231—233

文明对话 205,222—226

文化多样性 202,203,205,206,209,210,213,214,217,218,220,224,225

文明交流互鉴 81,197,201,202,208,209,213—215,217,222,223,232—234

X

新闻舆论工作 162—171

Y

优秀传统文化 2,20,21,23,24,29—32,35,38,42,43,47—50,54,57,60,64,72,73,78,81,96—98,100,105,107,108,110—114,116—118,120,126—130,136,139—142,151,195—197,205

一带一路 67,134,181,187—189,226,231,232,234

意识形态 1,38,52,53,78,85,141,143—153,155,158—161,164,172,174—176,179,182,192,204,211,219,233

意识形态工作 1,52,53,143—147,149,151—162,164,171—178

Z

最大公约数 33,78,82,84,86,126,193,224,233

制度自信 18,28,31—40,109,151,193

主动权 5,162,168,171,175,178

中国学术文化 74

中国化 20,28,33,53,57,63—66,72,73,119,141,142,158

中国特色社会主义 1—4,13,14,18,20,27,28,30—32,34—39,41—43,46—48,52—

56,60,62,63,66—68,70,73,74,76—78,81,82,86,87,89,91,92,95,96,104,107,109,110,114,118—120,131,132,138,140,141,144—147,150—159,170,176,185,190,193,195,196,198,216,226,228—231

中华传统美德　94,97,99,139,190

中华民族伟大复兴　1,4,9,10,12,14,23,24,28,32,33,36—39,43,47,53,79,82—85,88,89,92—95,99,100,112,114—118,141,142,144,151,152,170,180—182,184—187,189,193,208

中华文明　3,8,9,14,15,24,49,61,79,81,88,101,108—110,112,119,127,129,137,197,202,205,207,208,211,214,217,220,234

后　　记

党的十八大以来，习近平总书记着眼新时代坚持和发展中国特色社会主义，立足党和国家事业发展全局，从历史与现实、国际与国内等多个视角，对文化问题特别是坚定文化自信、建设文化强国问题做出深刻阐释和精辟论述，进一步凸显出文化在中国共产党治国理政和理论创新中的重要地位。这些深刻阐释和精辟论述，充分体现了我们党高度的文化自觉，表明了我们党鲜明的文化立场，彰显了中国特色社会主义的文化根基、文化本质和文化理想，把我们党对文化地位作用和文化发展规律的认识提升到一个新的境界，是习近平新时代中国特色社会主义思想的有机组成部分，是对当代中国马克思主义的创新、丰富和发展。

《建设新时代社会主义文化强国》一书系国家社会科学基金十八大以来党中央治国理政新理念新思想新战略研究专项工程项目"习近平治国理政新思想研究"（批准号：16ZZD001）成果之一，由中国社会科学院党组交办，中国社会科学院原副院长张江教授担任课题组负责人，主持编写并审核定稿。

研究任务下达后，以中国社会科学院文化研究中心研究人员为主体组成课题组，分工进行专题研究和书稿撰写工作。党的十九大召开后，根据上级有关部门审读意见，课题组对初稿框架及内容作了较大调整，形成新的书稿。其中，赵培杰撰写第一章、第二章、第四章；惠鸣撰写第七章；祖春明撰写第三章、第六章；李厚羿撰写第五章，由惠鸣帮助修改。全书由赵培杰统稿，张江审定。

在初稿及新稿撰写过程中，课题组进行了多次集体讨论和修改。其间，中国社会科学院不少专家学者提出了很多有价值的意见和建议。中国社会科学出版社社长赵剑英、中国社会科学出版社总编辑助理王茵、该社重大项目出版中心主任助理孙萍等同志，对书稿的编写、修订和出版工作始终给予热情帮助和具体指导。对于上述各位同志，我们在此一并致以衷心的谢忱。

应当指出的是，习近平总书记关于文化问题特别是社会主义文化建设的重要论述内涵丰富、思想深邃、博大精深，我们的学习和研究还只能说是初步的。因此，书稿在整体框架、内容编排、语言表述、文献引证等方面，一定存在诸多不足之处，期待学界同仁和干部群众批评指正。

编　者

2019 年 2 月